名师工程 教师成长系列

"南岸区课程教学改革高中英语种子教师主
研究成果

深度学习的
学科范式与教学策略
——基于语数外的课改实践

陈传霞 ◎ 主编

西南大学出版社
国家一级出版社 全国百佳图书出版单位

图书在版编目(CIP)数据

深度学习的学科范式与教学策略：基于语数外的课改实践/陈传霞主编. -- 重庆：西南大学出版社，2023.9

ISBN 978-7-5697-1971-0

Ⅰ.①深… Ⅱ.①陈… Ⅲ.①课程－教学改革－研究－中学 Ⅳ.①G632.3

中国国家版本馆CIP数据核字(2023)第180371号

深度学习的学科范式与教学策略——基于语数外的课改实践
SHENDU XUEXI DE XUEKE FANSHI YU JIAOXUE CELÜE——JIYU YU SHU WAI DE KEGAI SHIJIAN

陈传霞　主编

责任编辑：钟宇欣
责任校对：李　君
装帧设计：闻江文化
排　　版：贝　岚
出版发行：西南大学出版社（原西南师范大学出版社）
　　　　　　重庆·北碚　　邮编：400715
印　　刷：重庆市联谊印务有限公司
幅面尺寸：170 mm×240 mm
印　　张：16
字　　数：260千字
版　　次：2023年9月第1版
印　　次：2023年9月第1次印刷
书　　号：ISBN 978-7-5697-1971-0
定　　价：78.00元

编委会

主编

陈传霞

副主编

刘 芳　吴永莉　余林秒

编委

许 俊	聂 颖	田乐进	刘江玉	唐 梅	谭 旅
古丽娜	李蒙佚	杨一芳	刘明洪	肖莲琴	田玲辉
赵星起	周春雷	谢 爽	贺 毅	杨 炜	李玉婷
张景顺	蒋雨池	杨 珠	邹 红	池秀琳	杨 莹
罗佳琳	喻丹琳	王菊秀	唐 田	蒲心愿	

前言
PREFACE

2019年2月,中共中央、国务院印发了《中国教育现代化2035》,这份国家层面的教育现代化纲领性文件,是中国特色社会主义进入新时代,贯彻落实党的十九大精神和全国教育大会精神,加快教育现代化,办好人民满意的教育的重要举措,是发展具有中国特色、世界水平的现代教育的战略部署。同时,"十四五"时期是重庆第二外国语学校深化教育教学改革、提升办学品质、向百年名校迈进的重要历史阶段。为认真贯彻落实党的二十大精神,根据《重庆市南岸区教育事业发展"十四五"规划》,按照《中华人民共和国民办教育促进法实施条例》《中国教育现代化2035》《重庆教育现代化2035》及其实施方案有关要求,顺应《中国高考评价体系》和《中国高考评价体系说明》中高考由单纯的考试评价向立德树人重要载体和素质教育关键环节的转变,实现高考由传统的"知识立意""能力立意"评价向"价值引领、素养导向、能力为重、知识为基"综合评价的转变,从主要基于"考查内容"的一维评价模式向"考查内容、考查要求、考查情境"三位一体评价模式的转变,落实重庆第二外国语学校"质量立校 特色发展"的办学宗旨,学校引进西南大学胡航博士(团队)基于"主题—联结"的深度学习课堂改革理念,进行课堂改革(课改)实践。课改历经了3个时期:从1.0时期课改小分队主要学习深度学习相关理念和基本操作范式,至2.0时期专家进课堂指导,骨干教师示范和部分教师参与,再到3.0时期学科专家精准指导,提炼出各学科的基本操作范式,全学科全面参与。全体重庆第二外国语学校教师秉承"庄敬自强 挺拔坚韧"的雪松精神,开展了历时3年的探索和实践,以教师的专业进步促进学生的学业质量提升,实现了高质量育人目标。

目录

绪论 ○ **学校课改的背景、经验与展望** /001

　　课堂改革的背景　/003
　　课堂改革的经验　/005
　　课堂改革的展望　/008

上篇 ○ **语文教学范式** /011

　　教研组概况　/013
　　学科理论基础　/016
　　教学范式一　/020
　　部编版九年级下册第四单元"文艺之美"　/024
　　教学范式二　/034

《灯笼》新授课教学设计 /038

教学范式三（作文课） /044

部编版八年级下册第五单元写作指导课——写好游记教学设计 /046

将作文还给"我"教学设计 /050

中篇　数学教学范式 /057

教研组概况 /059

学科理论基础 /062

基于深度学习的初中数学新知建构课操作范式的解读 /068

北师大版七年级下册"认识三角形"教学设计 /078

北师大版八年级上册"一次函数的图像"教学设计 /089

基于深度学习的初中数学讲评课操作范式的解读 /104

北师大版七年级下册相交线与平行线试卷讲评教学设计 /115

北师大版七年级下册三角形相关基本图形的应用作业讲评教学设计 /127

基于深度学习的初中数学复习课范式的探索与实践 /140

下篇　英语教学范式 /145

教研组概况 /147

学科理论基础 /155

听说课范式 /160

人教版八年级上册 Unit 6 Section B(1a-1e)听说课教学设计 /168

人教版七年级下册 Unit 11 Section A (2d)听说课教学设计 /175

阅读课教学范式 /181

人教版七年级下册 Unit 7 Reading 教学设计　/ 184

人教版九年级 Unit 4 Reading 教学设计　/ 192

读写课教学范式　/ 202

人教版八年级下册 Unit 9 Reading 写作课教学设计　/ 208

人教版八年级下册 Unit 7 Reading 写作课教学设计　/ 214

复习课教学范式　/ 221

语篇题型复习课——短文填空　/ 226

语法专题复习课——宾语从句　/ 232

参考文献　/ 241

后记　/ 245

绪论

学校课改的背景、经验与展望

课堂改革的背景

一、新课标出台

在当前教育改革的浪潮中,我国不断推进课堂教学的改革与创新,其中一个重要的背景就是新课标的出台。新课标以培养学生核心素养为目标,注重学科知识和能力的有机结合,要求学生具备批判性思维、创新能力和实际问题解决能力。这为课堂教学改革提供了有力指导。随着新课标的发布,教师们需要对教学内容和教学方式进行调整和优化,以适应新课标的要求。新课标要求教师更注重培养学生的创新能力和实践能力,鼓励学生多角度思考问题,培养学生的批判性思维和解决实际问题的能力。这就要求教师采用创新的教学方法,引导学生主动参与学习,并将知识与实际问题相结合,使学生能够将所学知识应用于实际生活中,解决实际问题。

二、新高考的要求

新高考制度的改革也对课堂教学提出了更高的要求。新高考强调综合素质评价,注重培养学生的创新思维和实践能力,并将高考的评价标准与实际需求对接。这就要求我们的课堂教学不再是简单的知识传授,而是对学生综合能力和核心素养的培养。传统的高考制度注重学生对知识的死记硬背与应试技巧训练,培养了大量只擅长机械记忆和应试的学生,这与新时代人才培养的要求不符。新高考要求学生具备创新思维和实践能力,在解决实际问题的过程中展示自己的能力。因此,我们的课堂教学需从对知识的传授转向对学生综合素质的提升和评价,注重培养学生的创新能力、解决问题的能力以及沟通合作的能力。

三、课堂教与学的方式亟须变革

传统课堂教学往往以教师为中心,注重知识的灌输和应试技巧训练,忽视学生的主动性和思维能力的培养。而现代社会对人才的需求已经发生了变化,我们需要培养具有创新精神、批判思维和团队合作能力的学生。因此,为适应时代的需求,我们亟须改革课堂教学方式,使之更加注重学生的参与度和主动性。在传统的课堂教学中,教师通常是知识的传授者,学生则是知识的接受者。教师将知识呈现给学生,学生被动接受并记忆。这种教学方式忽视了学生主体性的发挥和创造性思维的培养,不利于学生综合素质的提升。

课堂改革的经验

一、课堂改革1.0时期

重庆第二外国语学校于2020—2021学年寒假正式启动基于"主题—联结"的深度学习课改项目,首期挑选26名学校业务骨干作为种子教师,通过线上学习相关理论和基本操作范式。这初步改变了传统课堂的教学模式,为后续的课堂改革奠定了基础。课堂改革1.0时期的目标是通过采用新的教学方法和工具,改变传统的教学方式,提高学生的学习兴趣和参与度,提升教学内容的趣味性,激发学生的学习兴趣。小组合作式学习可以培养学生的合作能力和团队精神;项目式学习可以使学生学以致用,将所学知识应用于实际问题的解决中。这些做法使学生更加积极主动地学习,提高学习效果。

二、课堂改革2.0时期

随着前期一年的探索与课堂实践,2021—2022学年本改革进入了2.0时期。学校更加注重培养学生的创新思维和实践能力。基于"主题—联结"的深度学习课堂教学改革为学校培训研修主题,以骨干教师为引领,以"集体备课、研讨课"活动为平台,以进一步提高全体教师适应新课标、新高考、新教材的能力和水平为目标,落实立德树人根本任务。课改项目打破了传统教学的时空限制,创造了更加开放、自主的学习环境。同时,注重培养学生的批判思维,引导他们理解问题、分析问题,解决实际问题。教师可以根据学生的学习情况和需求,进行个性化教学,满足学生的不同学习需求。同时,教师在教学中也注重培养学生解决问题的能力,鼓励学生从多个角度思考问题,提出自己的见解,并进行互动讨论,进而形成各学科基于"主题—联结"的基本操作范式。

三、课堂改革3.0时期

通过前期两年的探索和实践,学校决定以学科范式为基础,让更多的教师参与进来。在2022—2023学年,学校更加注重个性化教学,通过大数据精准分析学生的特点和需求,提供定制化的学习内容和评价方式。同时,学校推动跨学科融合的教学模式,培养学生的综合能力和创新思维。这是一个更加开放、灵活的教学时代,为学生提供更广阔的发展空间。以学科范式为基础,技术来赋能,可以更好地洞察学生的学习特点和需求,从而提供个性化的学习内容和学习路径。教师通过分析学生的学习数据、兴趣和能力以及学生的个性化需求,推荐适合他们的学习资源和活动。例如,根据学生对某一学科展现的兴趣和他们擅长的领域,可以向他们推荐相关的学习资料,提出具有挑战性的问题,激发他们的学习动力和创造力。教师鼓励学生主动探索和自主学习,培养他们的自主学习能力和问题解决能力,让他们成为持续学习的主体。在跨学科融合教学中,教师可以将不同学科的知识和概念进行有机结合,让学生学会从多个学科的角度看待问题,培养他们的综合能力和创新思维。

课堂改革的展望

一、学校教育教学质量提升

通过"主题—联结"的深度学习课堂教学改革,有望实现学校教育教学质量的全面提升。"主题—联结"将学科知识与实际问题相联结,通过探究、合作、实践等方式,培养学生的创新意识与解决问题的能力。这样的教学方式能够使学生更加积极主动地参与学习,提高学习兴趣与动力,从而更好地掌握知识。在"主题—联结"的深度学习中,学生通过对实际问题的研究和探究,将学科知识联系起来,学会将抽象的概念与实际生活相结合,确保知识的系统性和完整性。这种教学方式不仅让学生能够理解知识,还能够让他们运用知识解决实际问题,培养创新和解决问题的能力。通过"主题—联结"的深度学习,学生将成为积极、主动、有创造力的学习者,能够适应未来社会的发展需求。

二、全面育人的真正落实

"主题—联结"的深度学习课堂教学改革也有助于实现全面育人的目标。传统教学偏重知识的传授,而"主题—联结"的教学模式注重学生的全面发展,将学科知识与道德、情感、技能等综合素养有机融合。通过培养学生的创新能力、社会责任感和团队协作精神,使学生全面发展,提升其综合素养。学生不仅能够获得学科知识,还能够提升自主学习的能力、沟通与合作的能力、问题解决与创新的能力,以及适应时代变化的能力。通过"主题—联结"的深度学习,学生将有更多机会接触、理解和分析真实的问题和挑战,从而提升自己的批判性思维和创新能力。学生在解决问题的过程中,需要运用各个学科的知识和技能,同时也培养社会责任感和正确价值观。这样的教学模式能够帮助学生提升综合素养,使他们具备适应未来社会需求的能力。

三、促进个性化发展和差异化教育

通过"主题—联结"的深度学习,课堂教学能够更好地促进个体学生的个性化发展,实现差异化教育。在传统教学中,教师一般按照相同的教学内容和方法去教授所有的学生,忽视了学生的个性差异。而"主题—联结"教学模式强调学生的主动学习和自主发展,能够更好地满足不同学生的学习需求和兴趣。通过"主题—联结"的深度学习,教师可以将学习内容与学生的个人兴趣和需求相结合,提供个性化的学习资源和课堂活动。学生可以根据自己的兴趣选择学习主题和研究方向,通过深入学习和探究,发展自己的特长和兴趣。教师在这个过程中根据学生的不同需求和能力,提供个性化的支持和反馈,起到引导和指导的作用。这样的差异化教育可以更好地满足学生的学习需求,让每个学生在适合自己的学习环境中得到发展。教师还可以利用信息技术工具的支持,对学生的学习进行跟踪和评估。通过收集和分析学生的学习数据,教师可以了解每个学生的学习进度、学习困难和学习风格,从而更有针对性地提供个性化的学习资源和指导。人工智能技术可以提供自适应学习系统,根据学生的学习表现和需求,自动调整学习内容和难度,使学习过程更加适应个体差异。

四、社会参与和实践的重要性

在"主题—联结"的深度学习中,社会参与和实践是不可或缺的一部分。学生不仅要在课堂中研究和解决实际问题,还要积极走出课堂,参与社会实践和实际项目。通过与社会和实际问题的接触,学生能够更好地理解学科知识与实际应用的联系,培养解决实际问题的能力和社会责任感。社会参与和实践可以通过与企业、社区、科研机构等合作伙伴的合作来实现。学生可以与专业人士一同参与实际项目的研究与问题的解决,通过与企业合作,学生能够了解行业需求和实际应用情况,培养与社会对接的能力。与社区合作可以使学生了解社会问题和多样文化,培养学生的社会责任感和公民意识。通过社会参与和实践,学生能够将学科知识应用于实际情境中,锻炼解决问题的能力和创新思维。这样的教学模式不仅能够提高学生的学习效果,还能够使学生更好地适应未来社会的发展需求。

上篇 语文教学范式

教研组概况

一、教研组整体情况

我校初中语文教研组共计31人（研究生学历4人，本科学历27人），其中市级骨干教师3人，区级骨干教师2人，高级教师8人。教研组于2020年获南岸区"初中语文优秀学科教研组"称号。近5年以来，教育教学科研成绩卓著。教育方面，5人获重庆市、区、校级"优秀班主任""先进教育工作者""雪松名师"等称号。教学方面，国家、市、区各级各类赛课获奖12人，包括教育部、重庆市基础教育精品课，部级"一师一优课"，市区级"群文阅读"赛课，市区级中青年优质课大赛等。科研方面，成功申报国家级课题一项，研究中；市级课题一项，已结题；区级、校级课题三项，研究中。论文发表及获奖人次众多。教师主编或参编各级各类教材教辅多部，著述颇丰。

二、教研组教育教学获奖及科研成果

表1 教研组教育教学获奖及科研成果表

获奖人	获奖名称	奖项等级	颁奖单位
刘发东	2022年市"优秀班主任"称号	市级	重庆市教育委员会
田乐进	南岸区"优秀教师"称号	区级	南岸区教育委员会
漆疆、冯梅	校"雪松名师"	校级	重庆第二外国语学校
刘芳	2022年基础教育精品课:"咸阳城东楼"等四首	国家级精品	教育部基础教育司
刘江玉	2022年南岸区第九届优质课选拔赛	区级一等奖	南岸区教师进修学院
漆疆	2022年南岸区第九届优质课选拔赛	区级一等奖	南岸区教师进修学院
刘芳	2021年基础教育精品课:"湖心亭看雪"	市级精品	重庆市教育委员会
许俊	2019年南岸区第七届优质课选拔赛	区级一等奖	南岸区教师进修学院
漆疆	2019年度教育部"一师一优课,一课一名师"活动:课例"就英法联军远征中国给巴特勒上尉的信"	部级优课	中央电化教育馆
刘芳	2018年全国第三届初中群文阅读现场课大赛重庆赛区现场课决赛;全国第三届初中群文阅读教学观摩研讨体系活动	市级特等奖;全国特等奖	重庆市教育学会;教育部西南基础教育课程研究中心
刘芳	2021年南岸区第三届中小学师生"临写经典"书法比赛教师组	区级一等奖	南岸区教育委员会
刘芳	2022年重庆市义务教育阶段学校作业设计评选活动:基于课程视域下的九上诗歌大单元作业设计	市级精品	重庆市教育委员会
邓淑芳	2022年重庆市义务教育阶段学校作业设计评选活动:八下暑假作业设计	市级精品	重庆市教育委员会

续表

获奖人	获奖名称	奖项等级	颁奖单位
刘芳	论文:《论大单元教学契入点的设计策略——以部编教材九年级语文上册为例》(2022年)	市级一等奖	重庆市教育科学研究院
刘芳	教学案例:且论辛弃疾之"愁"(2022年)	市级一等奖	重庆市教育学会
刘芳	论文:《群文阅读视域下初中名著的专题探究设计与实施——以〈儒林外史〉为例》(2021年)	市级一等奖	重庆市教育学会
刘芳	论文:《基于"南麓小智慧—书院大成就"的"三自"育人实践探索》(2020年)	市级一等奖	重庆市教育科学研究院
刘芳	论文:《初中名著阅读深度教学之专题探究设计与实施——以〈简爱〉为例》(2020年)	市级一等奖	重庆市教育科学研究院
叶利伟	论文:《社会助长效应与中学语文教育的融合发展研究》(2020年)	市级一等奖	重庆市教育科学研究院
刘芳	2019年重庆市中学语文现场论文大赛全市决赛	市级一等奖	重庆市教育科学研究院

表2 教研组教育教学课题名单

课题主要成员	课题名称	课题级别	课题审批单位
刘芳、邓淑芳、张琳琳	"雅乐"传统文化校本课程探究	国家级	国家课程教材中心
刘芳、冯梅、聂颖	中华优秀传统文化与初中语文教育融合发展的实践研究	市级	重庆市教育学会
刘芳、聂颖、邓淑芳	初中群文阅读项目式学习设计与实施研究	区级	南岸区科学规划办

学科理论基础

一、学科课标要求及核心素养

《义务教育语文课程标准（2022年版）》（简称为"语文课标"）明确要求："聚焦中国学生发展核心素养，培养学生适应未来发展的正确价值观、必备品格和关键能力。"核心素养是学生通过课程学习逐步形成的正确价值观、必备品格和关键能力，是课程育人价值的集中体现。义务教育语文课程培养的核心素养，是学生在积极的语文实践活动中积累、建构并在真实的语言运用情境中表现出来的，是文化自信、语言运用、思维能力、审美创造的综合体现。

二、基于课标的深度学习理论

当今时代，是继农业文明、工业革命之后的信息文明、人工智能时代，这个时代，将重新定义"人"的价值与意义。在时代对于人才的诸多要求中，创新成为第一要义。时代要求人们具备在复杂的、不可预测的情境中解决问题的能力，能进行深度学习，促进问题解决，提升创造力。

自1991年学习科学诞生以来，先后有法国学者安德烈·焦尔当、美国学者约翰·D.布兰斯福德就"人是如何学习"提出了"意义建构型"教学，关注学习者问题的解决。国内学者黎加厚介绍了深度学习概念，张浩进行了基于反思的深度学习实证研究，段金菊对深度学习和浅层学习特征作了比较，西南大学胡航博士基于小学数学学科对深度学习进行了实证研究。

基于国内外对于深度学习的研究，深度学习的主要特征可归纳如下：

其一，就深度学习框架而言，体现整体化。深度学习将人的认知、技能和情感纳入一个整体，充分体现学习者作为"人"的完整属性。

其二，就深度学习目标而言，体现系统化。深度学习以"学习者"为中心展开设计，它包括了学习内容的选择与重构、学习活动的组织与实施、学习资源的开发与设计、学习评价的标准化与拟定等系统性建构。

其三，就深度学习过程而言，体现社会化。深度学习既能促进学习者的个性化发展，同时又能实现有效的社会化交互，促进知识的意义协商和构建。

其四，就深度学习评价而言，体现了"学习者中心设计"的特征。它促进了学习者的高阶思维发展。

语文课标共有四处明确提到了"深度"，概括起来有三方面：一是课程内容方面，教师在研读并实施课程内容时要注意把握"教学深度"，明确强调课程及学业质量标准的拟定，是为了引导和帮助教师把握"教学深度"；二是教学手段方面，教师在课程实施过程中要把握信息技术与语文教学"深度融合"的趋势；三是育人效果方面，语文课标强调要正确认识信息技术对"深度思考"可能产生的影响。以上关于"教学深度""深度融合""深度思考"三方面内容，无一例外都体现了学科课程走向深度学习之必然性。

三、初中语文深度学习研究概述

初中语文学科深度学习课堂,主要基于初中生的核心素养培养、深度学习目标、深度学习过程、深度学习评价四个维度展开研究。

其一,就初中生的核心素养培养而言,重点关注了初中生的学习态度与学习品质培养。它贯穿并浸透深度学习课堂的四个阶段。在深度学习课堂的"觉知"阶段,重点做好学习前检测。检查学生是否具有积极、主动展开新知学习的态度和行为。在深度学习课堂的"调和""归纳"两个阶段,则重点关注课堂活动设计的有效性和学习活动的层次性。检查是否有利于培养学生的批判性思维,是否能帮助学生参与知识框架、能力发展的积极建构,是否能让学生在活动过程中获取良好的情感体验等。在深度学习课堂的"迁移"阶段,初步帮助学生实现基于个性的社会化过程,提高其问题解决能力。

其二,就初中语文的深度学习目标而言,重点落实初中生关于语言深度、文化深度、思维深度、精神深度四个方面的举措。初中语文课程按照内容整合程度分为"语言文字积累与梳理"一个基础型学习任务群,"实用性阅读与交流""文学阅读与创意表达""思辨性阅读与表达"三个发展型学习任务群,"整本书阅读""跨学科学习"两个拓展型学习任务群。这三个层面的学习任务群,在落实初中语文深度学习目标方面齐头并进、各有侧重。基础型学习任务群重在落实语言深度,通过积累与梳理、领悟与运用语言材料和语言文字作品来实现;发展型学习任务群重在落实文化深度和思维深度等目标,通过学习社会主义先进文化、革命文化、中华优秀传统文化等内容建立文化自信,培养掌握比较、分析、概括、推理等思维方法;拓展型学习任务群则通过"整本书阅读"和"跨学科学习",丰富初中生的情感体验和精神世界,拓宽他们的精神视域,开掘他们的精神深度。

其三,就初中语文的深度学习过程而言,特别强调课堂学习活动的设计。要求教师做好情境化设计,注意学生课堂学习与生活实践的无缝对接,训练学生的情境迁移、问题解决能力与创新性思维。同时,注意让学生在独立的个性化学习、小组合作学习与多方竞争性学习中拥有良好的情感体验。让"个性化—合作学习"真正发生。

其四,就初中语文的深度学习评价而言,既关注学习过程评价,也关注学习成果评价;既关注学习者本人的自我评价,也关注其合作者、竞争者与指导者的评价。在深度学习课堂中,优化学习评价量表的设计,注意多维度评价的科学性与合理性。

教学范式一

一、范式学科理论基础

美国当代教育学家本杰明·布鲁姆教授提出深度学习这一认知学习领域的概念,认为教学活动应该按照教学目标的不同分为六个不同的层次。"浅层领域"包括知道和领会,"深层领域"包括应用、分析、综合以及评价。简单来说,教学活动强调一种更深层次、更情境化,也更实用化的趋向,这与新课标的要求是一致的。新课标在课程性质和地位上明确语文是最重要的交际工具和信息载体,是人类文化的重要组成部分。工具性与人文性的统一,是语文课程的基本特点。作为最重要的交际工具,该属性本身就强调了深度学习中的后四个层次,即应用、分析、综合和评价。

良好的语文素养是学生学好其他课程的基础,也是学生全面发展和终身发展的基础。这种跨学科的属性,也正是如今"大单元教学"的最高要求。

新课标还提出语文是实践性很强的课程,应着重培养学生的语文实践能力,而培养这种能力的主要途径也应是语文实践(不宜刻意追求语文知识的系统和完整)。语文又是母语教育课程,学习资源和实践机会无处不在,无时不有。因而,应该让学生更多地直接接触语文材料,在大量的语文实践中体会、掌握运用语文的规律,而不宜刻意追求语文知识的系统和完整。因此,我们在运用深度学习的相关理论时还要结合"大单元教学"中提出的大概念、大情境以及任务性的语文活动,让学生置身于一个适合其生活情境和年龄特点的具体生活问题之中,通过解决问题和完成任务来提升学生对语文的兴趣,培养他们更深层次的语文素养。

在深度学习的理论基础上,以语文课标为指导,以大单元教学为教学活动的具体方法,我组设计了部编版语文九年级下册四单元以"留步美学,致敬艺术"为主题的新授课教学范式。

二、范式操作实施(九年级下册第四单元"文艺之美")

【中心任务】

学校报社将开辟一个新的栏目,名为"文艺之美",现面向九年级各班征稿,包括知识卡片、思维导图、圆桌纪要等。

【课段学习】

(1)知识卡片中识美:美在概念。

(2)思维导图中寻美:美在方法。

(3)文艺论文中辨美:美在思辨。

【学习任务】

1.第一课段 知识卡片中识美:美在概念

学习目标:通过梳理概念,积累表达,制作知识卡片。

学习任务:

(1)初读感知,抓住要素:梳理每一课当中的核心概念以及核心概念之间的关系和观点。

(2)细读深思,摘录积累:四字短语、哲理句、排比句、比喻句。

(3)赏析美点,体会美感:选择词语或句子进行赏析。

2.第二课段 思维导图中寻美:美在方法

学习目标:归纳总结课文中论述的鉴赏方法,用学到的方法在国学馆、艺术馆中进行鉴赏。

学习任务:

(1)归纳总结文艺论文的论述思路和论述方法。

(2)归纳总结鉴赏文艺作品的方法,迁移运用,提升鉴赏文学作品的艺术修养。

3.第三课段 文艺论文中辨美:美在思辨

核心任务:举办思辨圆桌会。

学习任务:

(1)选择同一篇文章的同学组成一组,开思辨圆桌会,各抒己见,就相关论点阐述个人观点(注意观点与实例相契合)。

(2)思辨圆桌会结束后,每组整理一份思辨圆桌会纪要。

三、第二课段新授课具体范式

核心任务:通过梳理三篇文艺性议论文,归纳总结鉴赏文艺作品的方法,迁移运用,提升学生鉴赏文学作品的艺术修养。

1.创设情境,设置人物

情境设置为参观两个场馆:国画馆、诗词馆。

2.活动环节

活动一:读文本 寻概念

通过快速阅读目标文本,寻找文艺论文中的鉴赏方法,初步理解其概念。

活动二：赏诗画 明方法

通过对诗歌和绘画作品的欣赏,进一步理解文中的鉴赏方法,为能自主鉴赏艺术作品做好准备。

活动三：方法小结

用简洁明了的语言概括以上环节所学到的方法。

活动四：会迁移 用方法

将在活动中掌握的艺术鉴赏方法应用在全新的艺术作品鉴赏活动中,并完成语言表达。

部编版九年级下册第四单元"文艺之美"

一、教学内容分析

1.基于课标

《义务教育语文课程标准(2022年版)》第四学段(7—9年级)的课程目标,在"阅读与鉴赏"中要求引导学生"阅读简单的议论文,能区分观点与材料(道理、事实、数据、图表等),发现观点与材料之间的联系,并通过自己的思考,作出判断",在"表达与交流"中要求学生"自信、负责地表达自己的观点"和"写简单的议论性文章,做到观点明确,有理有据"。

在课程内容中,本单元的课文契合"发展型学习任务群"中"思辨性阅读与表达"的要求,其第四课段(7—9年级)旨在引导学生"阅读诗话、文论、书画艺术论的经典片段,尝试运用其中的观点欣赏、评析作品"。

在第四学段(7—9年级)的"学业质量描述"中要求学生"在讨论问题过程中,能积极发表自己的看法,做到有中心,有根据,有条理""阅读简单议论性文章,能区分观点与材料,并能解释观点与材料之间的联系;能运用实证材料对他人观点作出价值判断"。

综上,课程目标、课程内容和"学业质量描述"都要求:在学习文艺论文和议论性随笔、杂文时,教师应引导学生关注论证和价值判断两个方面内容,在本专题中论证侧重于论证的三要素及其关系。

2.基于教材

部编版语文九年级下册第四单元是一个议论文单元,其人文主题是"读书、谈美、论艺"。本单元选编的五篇文章,都涉及人们的精神生活,既富有思想性,又蕴含艺术美:有从宏观视角谈论读书求知话题的《谈读书》;有从微观角度探讨欣赏艺术作品方法的《不求甚解》《驱遣我们的想象》;有侧重阐释美学观念的《无言之美》;有着重探讨意境问题的《山水画的意境》。

本单元要求学生阅读时要把握核心概念,了解作者观点,学习思辨方法,发现疑难问题,形成自己的见解,学习文中介绍的读书和文艺欣赏方法,迁移运用到自己的欣赏实践中。

学生可以通过课文积累相关美学概念,如文艺、作者、读者、意境、意匠、言不尽意、含蓄、想象,进而通过自主阅读,了解美的真谛,并将所学的众多概念进行勾连贯通,提出自己关于美学的理解。

学生可以通过不同课文,积累不同的论述思路,如《山水画的意境》中"是什么—为什么—怎么办",《无言之美》中"提出问题—分析问题—得出结论",《驱遣我们的想象》中"知识铺垫—理论阐述—实例分析",《谈读书》中每层分别提出观点、作出阐发,《不求甚解》中先驳后立、层层铺垫、层层阐发、确立观点。总之,学生可以通过首先对单元课文进行理解性阅读,再进行拓展阅读和批判性阅读,进而发现问题,独立思考,深入研究,最后建构阅读此类文章的阅读策略并迁移应用到自己的实际文艺鉴赏之中。

二、学习者情况分析

九年级下学期的学生有一定的议论文阅读经验,能够明确观点和论据,但欠缺逻辑思维,无法清晰地梳理论证思路;同时,缺乏理性思维,无法有理有据地作出价值判断。极大部分学生都能明确文章的论点和论据,但无法清晰地梳理论证思路;大部分学生难以运用有力的证据论证自己阅读的文章所提出的观点。学生有阅读议论文的相关积累,能够区分观点和材料,但是对论证思路进行梳理、运用实证材料对他人观点作出价值判断的能力仍有不足。本主题旨在引导学生梳理论述思路,依据实证材料提出自己的价值判断并尝试运用自己的价值判断来欣赏作品。

三、教学目标设定

1. 语言目标

(1)能够阅读浅显的文艺论文,把握文章中的核心概念,根据作者的定义和阐述理解概念的内涵和外延,同时能够厘清相关概念之间的关系。

(2)能够理解作者的观点,找出文中的中心论点和分论点,逐步建构文艺审美的知识构架。

2. 思维目标

(1)能通过比较阅读,归纳、概括不同文艺论文的论述思路,总结和积累多种论述方法,并能完成文章构架的思维导图,提高逻辑思维能力。

(2)能够通过拓展阅读,独立思考,提出问题,学会质疑,获得自己的见解,提高批判性思维能力。

(3)通过速读课文,寻找概念,学习鉴赏方法并在实际中运用。

3. 价值目标

(1)通过阅读文艺论文,开拓审美和文化视野,领会文艺鉴赏的方法,并尝试迁移运用于自己的鉴赏实践中。

(2)丰富精神世界,培养审美情趣和审美品位,获得审美享受,陶冶情操,发扬探究精神。

四、教学重难点

(1)能通过比较阅读,归纳、概括不同文艺论文的论述思路,总结和积累多种论述方法,并能完成文章构架的思维导图,提高逻辑思维能力。

(2)能够通过拓展阅读,独立思考,提出问题,学会质疑,获得自己新的见解,提高批判性思维能力。

(3)通过速读课文,寻找概念,学习鉴赏方法并在实际中运用。

五、评价设计

能完成各学段具体情境的任务:

(1)通过梳理概念和积累表达,制作知识卡片。

(2)归纳总结鉴赏文艺作品的方法,迁移运用,提升学生鉴赏文艺作品的艺术修养。

(3)归纳总结课文论述思路及论述方法,制作文艺议论文写作方法思维导图。

(4)选择同一篇文章的同学组成一组,开思辨圆桌会,各抒己见,就相关论点阐述个人观点(注意观点与实例相契合)。

(5)思辨圆桌会结束后,每组整理一份思辨圆桌会纪要。

六、教学活动

步骤（时间）	教学活动及层次	活动设计意图	评价活动设计
活动一：读文本寻概念	师：在欣赏作品前，我们还必须厘清几个概念，才能够对艺术作品有更准确的鉴赏。请同学们快速浏览《山水画的意境》，告诉我，李可染先生认为，什么是意境和意匠。 生：意境就是景与情的结合；写景就是写情。 师：需要注意的是，这里所说的景是多种物象的结合，当这些物象融入了作者的情感时，就成为了意象，多种意象共同组成了意境。 师：意匠是什么呢？ 生：意匠就是表现手法，表现手段的设计，简单的说就是加工手段。	练习学生快速阅读以及抓关键词的能力。找出意境和意匠两个概念。	学生能用原文语句回答出意境及意匠的概念。
活动二：赏诗画明方法	师：请同学们看这幅画，这幅画是李可染先生的代表作《层林尽染图》，这幅画带给你怎样的感受？ 生：雄壮、辽阔。 师：具体从哪些地方感受到的呢？ 画了什么：数量、颜色（红：热烈、奋发向上）、线条（山势的起伏陡峭）。 师：王维说过："诗中有画，画中有诗。"这幅画正是取材于毛泽东的《沁园春·长沙》，我们结合毛泽东的诗词再来欣赏这幅画。 生："看万山红遍，层林尽染，漫江碧透，百舸争流。鹰击长空，鱼翔浅底，万类霜天竞自由。" 师：同学们，这几句诗词，分别有哪些意象呢？"山、林、江、舸、鹰、鱼"，这些物象有什么特点呢？万山、层林、漫江、百舸…… 生：数量多，多种意象叠加在一起，给我们以雄伟壮观的感觉。 师：我们再来关注这些意象的姿态。争、击、翔，这是什么词性？ 生：动词。		学生指出艺术作品中的留白之处，并通过想象，用优美的语言补充表达。

续表

步骤（时间）	教学活动及层次	活动设计意图	评价活动设计
活动二：赏诗画明方法	师：这些动词，给你一种什么感受？ 生：豪情壮志，意气风发，强劲有力。 山水美景让人心旷神怡，而这种动静结合的运用，就是对意匠的苦心经营。 师：孩子们可真懂得艺术欣赏！《沁园春·长沙》是毛泽东途经长沙，面对湘江上美丽动人的自然秋景，联想起当时的革命形势而写的，是对革命与祖国前途的乐观的憧憬。 师：《层林尽染图》为我们展现了一幅绚丽夺目、生机勃勃的秋景图，淋漓尽致地表现了万山红遍、层林尽染的诗意美，表现了他想要改造旧中国的雄心壮志。而这种感受，就是我们所说的意境。 师：我们再来对比一下这幅画，这幅画和《层林尽染图》有什么区别呢？ 生：色彩上一幅红色，一幅黑白；构图上一幅图画得很满，一幅图的画面很空。 师：中国画注重意境的创设，说到意境，不得不提到留白。留白，是中国国画中的常用技法。它是指在艺术创作中，为了使整个作品的画面、章法更协调精美，而有意留下相应的空白。 师：请同学们仔细观察，这幅图中哪些地方留白了呢？ 师：作者为什么要留白呢？作用是什么？ 生：给人以想象的空间。 师：是的，接下来就请大家小组讨论，驱遣你的想象，说一说你想要在这幅图的哪个位置画上什么内容？要营造一种什么样的意境？ 学生讨论后补充……（点拨：诗人送别时的状态，远帆上离别时人的状态，周边的景物渲染）	在绘画作品和诗歌作品中运用想象、动静结合、留白等具体方法来鉴赏艺术作品的美和意境。	学生能运用动静结合等方法赏析艺术作品的美，具体指出美在哪里，用自己的语言表达欣赏艺术作品之后的感受和心境。

续表

步骤（时间）	教学活动及层次	活动设计意图	评价活动设计
活动三：方法小结	师：墨为黑，纸为白，三笔两画，神韵皆出。正因为有了留白艺术，才有了"此处无物胜有物"的效果。同学们，留白艺术不仅广泛运用于书画中，它还时常出现在中国的诗词里，一首诗词，只需简单的几句话，就能包含极其宽广的意境美。这幅图就是《送孟浩然之广陵》。 师：《山水画的意境》中的第三段说道，"在我们的古诗里，往往有很好的意境。虽然关于'人'一句也不写，但是，通过写景，却充分表现了人的思想感情"，对于这首诗，作者也给了很好的解读。我们一起来读一读： 黄鹤楼送孟浩然之广陵 唐　李白 故人西辞黄鹤楼， 烟花三月下扬州。 孤帆远影碧空尽， 唯见长江天际流。 这里包含着朋友惜别的惆怅，使人联想到依依送别的情境：帆已经远了，消失了，送别的人还遥望着江水，好像心都随着帆和流水去了……情寓于景。这四句诗，没有一句写作者的感情如何，尤其是后两句，完全描写自然的景色，然而就在这两句里，深深体会到诗人的深厚友情。 师：这种留白的美正如朱光潜在《无言之美》中所说："拿美术来表现思想和情感，与其尽量流露，不如稍有含蓄；与其吐肚子把一切都说出来，不如留一大部分让欣赏者自己去领会。"		

续表

步骤（时间）	教学活动及层次	活动设计意图	评价活动设计
活动三：方法小结	1. 感知意象，体会意境。 2. 驱遣想象，补充留白。 3. 分析意匠，鉴赏诗画。	将感性的知识方法归纳成简洁的概念，方便后续鉴赏作品时运用。	归纳出鉴赏艺术作品的关键方法，并用简洁的语言进行阐述。
活动四：会迁移用方法	（出示图片） 师：同学们，这幅图营造了什么意境呢？ 请以这样的句式回答： 画中有＿＿＿（意象），营造出＿＿＿（意境），画家运用了＿＿＿（意匠）。 师：诗歌馆里正在征集诗词鉴赏稿，我们说："诗是无形画，画是有形诗。"诗画本同源，请同学们借助在美学馆所学到的方法，从《山中杂诗》中任选一句诗，结合图片，把握意象，描摹意境，驱遣你的想象，试着用优美的语言赏析，将画面用文字的形式展现出来。 　　　　山中杂诗 　　　南北朝　吴均 　山际见来烟，竹中窥落日。 　鸟向檐上飞，云从窗里出。 自评要点： ①把握意象特点； ②分析表现手法； ③体悟意境之美； ④展开合理想象； ⑤运用优美语言。		

续表

步骤（时间）	教学活动及层次	活动设计意图	评价活动设计
活动四：会迁移用方法	师：同学们太厉害了，这首诗只短短四句，老师却能通过你们合理的想象，沉浸在悠远静谧的氛围中，也感受到了诗人超然恬静的心境。 师：山与天相接的地方，缭绕着阵阵云烟，在山峰间飘来飘去（幽静的山中常见之景），落日西沉，只从竹林的缝隙窥见洒落下余晖的夕阳（竹林茂密青葱，在景的背后是人之所见）。成群的鸟儿从山中小屋的屋檐上飞过，来来往往，洁白的云儿竟然从窗户里轻轻地飘了出来（所居之处地势的高峻，云本不可能生于屋内，但因屋子处于白云缭绕之中，云气环绕，所以看起来就像是从窗里飞出的）。"来""落""飞""出"四个字，写出烟、日、鸟、云的动态，但给人的印象却是无限的静。营造了悠远、静谧的氛围。这首诗动静结合，短短四句，一句一景，句句不离"山中"的主题，暗示了诗人的山居之乐和恬淡超然的心境。 师：叶圣陶先生告诉我们："我们鉴赏文艺，最大目的无非是接受美感的经验，得到人生的受用。要达到这个目的，不能够拘泥于文字。必须驱遣我们的想象，才能够通过文字，达到这个目的。"在欣赏文学作品时，要努力驱遣想象，透过可以感知到的具体意象，进入到意境之中，领悟作品意匠的精湛和无言之美感。 因为意境的本质特征就是无言之美。 老师结语： 其实，文学艺术作品中意匠的表现形式还有很多种，同学们，让我们在以后的生活中去探寻美，发现美，争当文学艺术的鉴赏家吧！	运用以上活动学习到的艺术鉴赏方法，赏析全新的绘画作品和诗歌。	学生能运用具体的鉴赏方法欣赏全新的艺术作品，并通过优美明确的语言表达出来。

七、板书设计

```
           留步美学　致敬艺术
              文艺之美

意境        意匠
情与景      表现手法
留白        驱遣想象
动静结合
诗歌、绘画、音乐……
```

八、作业与拓展学习活动设计

课后去欣赏绘画、音乐、诗歌等艺术作品,并选择其一,运用今天学到的方法完成一篇80字左右的鉴赏短文。

九、教学资源与技术手段说明

运用幻灯片等多媒体设备展示艺术家绘画作品、诗歌作品等。

十、教学反思与改进

本堂课倾向于在情境化中关注学生对所学方法的运用过程及评价,在紧扣文本方面稍有疏忽,可以通过更多的朗读文本、结合课文内容的关键词句等方法解决这一问题。

教学范式二

一、范式学科理论基础

语文课标中提到:语文课程应继承语文教育的优秀传统,要面向现代化,面向世界,面向未来。语文课程应该是开放而富有创新活力的。学生在语文课程中认识丰厚博大的中国文化,吸收民族文化智慧,培养对祖国的热爱,增强民族文化自信。

语文学科核心素养是落实立德树人根本任务,深化语文课堂教学改革的关键,而深度学习则是促进学生核心素养形成与发展的必经之路。为此,在语文教学中,教师应立足统编语文教材的新变化,聚焦学科核心素养新要求,改变传统的单篇教学和以教为主的模式,通过深度学习,积极推进课堂教学实践的改革,为"教"与"学"注入新的活力。

深度学习理念在初中语文课堂的落实,可以提升学生的思维品质,学生需要认真思考教师提出的问题,全面理解课堂上的重点难点知识,并结合现有的知识积累展开深层次的研究。学生通过深度学习能够在浅层学习的基础上对所学内容形成全新的认知,完成主题的升华,同时使自身各方面得到锻炼,如语言运用、思维品质、学习能力等,促进其综合素养的提高,为日后发展打下坚实基础。

开展基于深度学习的教学实践,是发展学生语文核心素养的基本路径,它能促进学生对语言知识的意义建构与迁移运用,提升学生的思维品质,增强学生的审美鉴赏能力,促进学生对文化的传承与理解,进而真正实现知行合一及教、学、评的一体化。教师紧扣语文要素,制定大单元教学的任务及任务群,创设真实的情境,为深度学习的当堂发生、真实发生、有效发生创造条件。

在深度学习的理论基础上,以语文课标为指导,以大单元教学为教学活动的具体方法,我组设计了部编版语文八年级下册第一单元以"走进民俗,感悟情思"为主题的新授课教学范式。

二、范式操作实施(八年级下册第一单元"民俗之情思")

【中心任务】

学校报社将开辟一个新的栏目"民俗之情思",现面向八年级各班征稿,包括课文中名家笔下的民俗美、身边的民俗美、中国的民俗美等,请同学们学习了一单元后,积极投稿。

【课段学习】

(1)识课文中名家笔下的民俗美:感受作者情思。

(2)寻地域民俗美:感悟时代情思。

(3)写中国的民俗文化美:寄托自我情思。

【学习任务】

1.第一课段 识课文中名家笔下的民俗美:感受作者情思

学习目标:通过梳理单元,完成民俗与情思的知识卡片。

学习任务:

(1)初读感知,抓住特点:梳理每一课当中的民俗文化及特点。

(2)细读深思,比较异同:从不同文学体裁的角度对比阅读四篇文章。

(3)品味词句,体会情意:选择词语或句子,感受作者寄寓的情思。

2.第二课段 寻地域民俗美:感悟时代情思

学习目标:品读词句,感受四篇课文中不同的地域环境与文化,结合课文的时代背景,感悟时代情思。

学习任务:

(1)品读词句,感受四篇课文的地域环境;感受独特的地域文化。

(2)结合课文的时代背景,品读词句,感悟时代情思。

3.第三课段 写中国的民俗文化美:寄托自我情思

核心任务:写中国民俗,寄托自我情思。

学习任务:

(1)品读课文中的句段,学习用不同的表达方式和富有表现力的语言来表现民俗美。

(2)写自己亲历的中国民俗活动,寄托自我情思。

三、第二课段新授课具体范式

核心任务:品读文章词句,结合课文时代背景,品悟作者情思。

1.创设情境:灯笼寄情思

2.活动环节

活动一:理灯笼之"事"

帮助学生把握文章内容,通过线索厘清灯笼事件。

活动二:品灯笼之"情"

引导学生品味句段,领会隐藏在文字背后的情感。

活动三:析灯笼之"志"

引导学生根据历史人物和典故,结合时代背景,品析作者的家国情怀。

活动四:书灯笼之"感"

引导学生通过灯笼(在叙事中写情思),寄托自己的情思,从而升华主题。

《灯笼》新授课教学设计

一、教学内容分析

1.基于课标

语文课标要求学生欣赏文学作品,有自己的情感体验,初步领悟作品的内涵,从中获得对自然、社会、人生的有益启示。感受作者情感,品味作品中富有表现力的语言。

2.基于教材

《灯笼》是一篇文质优美的抒情散文,作者以"灯笼"为话题,将叙事、抒情融为一体,语言精当,富有诗意,于传统文化中寄寓爱国之情。本文串联起早年乡村生活的诸多记忆,表现人与人之间的温情,旧时乡村民风民俗,表达了对亲人、对童年的深切怀念;同时以小见大,借"灯笼"这一形象表达了作者以天下为己任、愿为保卫国家充当"马前卒"的志愿。因为是一篇自读课文,课后的"阅读提示"很重要,所以可以根据课后的"阅读提示"和单元导读确定本课的教学内容。

教材中的"阅读提示"写着:"作者写于20世纪30年代中期的这篇文章,以散文的自由笔法,书写了他关于灯笼的一些记忆……作者顺着自己的思绪写来,孩童心性,往昔经历,乡情民俗,诗词典故,自然流淌出来,意绪纷繁。结尾处……跳出个人情感圈子,升华为家国情怀的表达,情感也转而悲壮激越。阅读时,要注意作者情感的变化,体会作者与时代同呼吸、共命运的担当精神。"从"阅读提示"中提取到的信息有:写作时间(也就是写作的大背景),文体,主题。

二、学习者情况分析

八年级下学期的学生已经具有了一定的散文学习能力,自己通过预习就可以解决基础的文学常识和字词问题,多种修辞、多种表达方式相结合的表达效果掌握得不够熟练,有些感悟层次尚浅,需要进一步引导、点拨、培养。特别是与学生的实际生活联系不是很紧密、年代比较久远的文章,学习起来有一定难度。

三、教学目标设定

(1)通过厘清文章事件,掌握文章内容。
(2)通过品读文章句子,品悟作者情思。

四、教学重难点

(1)重点:通过厘清文章事件,掌握文章内容。
(2)难点:通过品读文章句子,品悟作者情思。

五、评价设计

(1)学生自主浏览课文,双色笔圈点勾画,概括有关灯笼的事件。

(2)认真默读、品读句子,探究灯笼的文化内涵,体会灯笼的情思。

六、教学活动

步骤(时间)	教学活动及层次	活动设计意图	评价活动设计
创设情境,灯笼寄情思(2分钟)	1.接汉疑星落,依楼似月悬。——《十五夜观灯》(唐)卢照邻 去年元夜时,花市灯如昼。——《生查子·元夕》(宋)欧阳修 灯笼一样薄蜡纸,莹如云母含清光。——《灯笼》(宋)陆游 2.你会借灯笼寄托自己怎样的情思?	营造有关灯笼的文化氛围,引起学生的灯笼回忆。	齐读关于灯笼的诗词,思考其寄托了作者怎样的情思?创设灯笼民俗文化的情境,引发学生思考。
活动一:理灯笼之"事"(10分钟)	1.快速浏览课文,概括作者围绕灯笼写了哪些事?(学生自主学习) 明确: | 段落 | 事件 | | --- | --- | | 第3段 | 挑灯笼接祖父 | | 第4、5段 | 挑纱灯上下灯学 | | 第6段 | 乡俗还愿,村口高挂红灯 | | 第7段 | 元宵节跟着龙灯跑,伴着小灯睡 | | 第8段 | 族姊远嫁,宅第红灯高挂 | | 第9段 | 在纱灯上描宋体字 | | 第10段 | 联想宫灯下的汉献帝 | | 第11段 | 联想将军在挑灯看剑 | 2.这么多繁杂的事,作者是用哪句话把它们串联起来的? 明确:真的,灯笼的缘结得太多了,记忆的网里挤着的就都是。 过渡:"缘"即情缘,那接下来我们就来品品吴伯箫的灯笼之情。	帮助学生把握文章内容,通过线索厘清灯笼事件。	自主浏览课文,概括灯笼事件。

续表

步骤(时间)	教学活动及层次	活动设计意图	评价活动设计
活动二：品灯笼之"情"（12分钟）	1.从3—9段中选择你最喜欢的句段朗读，并说说你读出什么情感（小组合作）。 例： 句段：祖父好，在路上轻易不提斡旋着的情事，倒是一路数着牵牛织女星谈些进京赶考的掌故——雪夜驰马，荒郊店宿，每每令人忘路之远近。 情感：祖孙情 2.老师引导学生提炼概括灯笼情缘：亲人情缘 乡俗情缘（板书） 过渡：作者开头一直写亲情，写乡俗，可从第10段开始却加入历史话题，有何深意呢？	引导学生分析句段，领会隐藏在文字背后的情感。	自主品读句段，诉说作者情感。
活动三：析灯笼之"志"（8分钟）	1.请一位同学朗读第10—12自然段，其他同学找出作者在最后3段提到哪些历史人物或历史典故？ 明确：汉献帝、霍骠姚、李广、裴公和胡人不敢南下牧马的典故。 2.为何写汉献帝？ 明确：汉献帝是傀儡皇帝，一直被胁迫，抑郁而终。 出示背景资料：1931年9月18日，日本侵略者发动九一八事变，炮火不仅震碎了祖国的壮丽河山，也击碎了无数文士的美好幻想，这其中就包括吴伯箫。然而，国民党政府竟然采取"不抵抗"政策，这让他十分愤懑，他忧心如焚、怒火中烧、骨鲠在喉、不吐不快。	引导学生根据历史人物和典故，结合时代背景，品析作者的家国情怀。	学生能联系背景资料品析作者的家国情怀。

续表

步骤(时间)	教学活动及层次	活动设计意图	评价活动设计
活动三：析灯笼之"志"(8分钟)	3.请联系写作背景,结合这些历史人物的事迹,说说作者为何写这些为国而战的将领？ 明确：抒发保家卫国的志向,誓把日寇赶出中国的决心。 4.作者已经在第11段抒发了志向,为何又写了最后一段？ 明确：壮,是悲壮的意思,灯笼指的是驱赶侵略者的希望、力量,因为国民党的"不抵抗"政策,致使这种力量是不够的。火把、探海灯指的是人民的力量,星星之火,可以燎原,只要我们集合全国人民的力量,定能冲破黑暗,引来光明。作者强烈呼吁全国人民站起来抵抗日本侵略者。因此作者在最后还点出灯笼的家国情缘。 5.小结：小小的"灯笼",蕴含着大大的家国情怀,照亮我们的心灵。		
活动四：书灯笼之"感"(8分钟)	1.回到上课最初的情境,你将用灯笼寄托怎样的情思？(在叙事中写情思) 2.总结：灯笼不仅是我们生活中的物件,还是温暖人心的灯火；还是见证历史的灯火；还是承载文化的灯火；还是冲破黑暗的灯火。让我们化作一盏一盏灯笼,照亮生命中的黑暗,迎接光明的未来。	学生能通过写作小片段,用灯笼寄托自己的情思,从而升华主题。	自主创作一首小诗,表现隐藏在灯笼背后的情与志。

七、教学反思与改进

这节课我设计了如下问题:(1)快速浏览课文,概括作者围绕灯笼写了哪些事?(2)从3—9段中选择你最喜欢的句段朗读,并说说你读出了什么情感。(3)请联系写作背景,结合这些历史人物的事迹,说说作者为何写这些为国而战的将领?教学问题的数量是恰当的,在教学过程中把三个问题划分成三个教学板块来解决,分别是"理灯笼之事""品灯笼之情""析灯笼之志"。在学生概括作者与灯笼结缘之事方面,引导还需加强,可以给更多的范例,还要注重概括的过程,追问概括的依据。概括与灯笼结缘之事,可对文中提到的各种各样的灯笼或不同节日的灯笼进行梳理,方便学生理解。同时,教学设计中忽略了灯笼的民俗文化的探究和对灯笼文化价值的挖掘。

课堂问题的设置与设计直接影响课堂质量,那我们该如何评价课堂教学问题设计的质量,专家为我们指了明晰的方向:(1)问题是否直击文本的核心价值,是否"随文命题";(2)问题是否循序渐进,具有适度的思维含量,是否具有综合性和探究性;(3)问题设计技术如何,指向是否明确,行为动词、范围限定、程度表述、提问方式等是否恰当。

一教一获,一课一得。把控好课堂问题的设置,让语文课堂"活"起来,让学生学起来。

教学范式三（作文课）

一、范式学科理论基础

核心素养视域下的写作教学以满足学习者的学习需求为逻辑起点，以培育学生的核心素养为根本目的。基于学习者需求的写作范式，以聚焦问题解决为逻辑起点。

王荣生老师曾说过："相对于阅读而言，学生写作水平的分化程度更容易被老师觉察。"

学生的写作结果直观地呈现在我们面前，同时也把写作存在的问题暴露无遗。我们会发现学生之间的写作水平差异很大，有些学生只需稍加点拨即可成就一篇佳作，也存在连标点都几乎无法正确使用的学生。合宜的写作教学，必须基于对写作学情的准确分析。写好一篇文章，必须要多种知识和多种技能的参与，而这些知识技能最便捷的来源就是教材。

叶圣陶先生曾说："教材无非是个例子。"教材是国家组织很多专家编写的，所选之文文质兼美，是教学的最好例子。而对文本的解读不仅仅是阅读教学，还要带着写作的目的去阅读，对一篇课文进行多角度解读。如：课文写了什么，指向写作材料，可指导学生如何选材；课文怎么写的，指向写作方法，可指导学生学习表达技巧；课文为什么这样写，指向写作目的，可指导学生学习如何立意等。因此，深度地读能促成灵活地写,我们必须用好教材这一最好的教学范例,课文在写作立意、结构布局、语言表达上都对学生具有深刻的启示,所以我们可以以教材中的课文为例文,充分发挥好教材的示范作用,采用"读写结合"的研究思路,从课文中精心选择读写结合训练点,以读引读,分解整合,从课文中抽象出写作方面的具有可操作性的写作知识,使学生的写作能力得到很好提升。

二、范式操作实施

深度学习的学习结果是建构核心知识,实现核心素养。深在学生参与,倡导主动积极;深在课程内容,授之以鱼不如授之以渔;深在学习过程,倡导合作共探;深在学习结果,实现问题解决,知识运用与迁移。作文教学范式的设计必须基于以上深度学习的特性,实现问题解决及知识运用。

第一步,经典引路知方法。确定写作教学切入点后,在教材中选择一篇或者几篇写作特点突出的课文,带领学生再次熟悉文章内容,并进一步从写作的角度去解读文本。

第二步,写作技巧齐归纳。在对课文从写作角度解读文本的基础上,以小组为单位进行讨论并总结归纳写作要点,从选材、立意、表达方式、表达技巧等角度入手。

第三步,课堂演练说问题。以本节课写作教学目标为出发点,精心设计课堂练笔。可以是一个片段的写作练习,也可以是列写作提纲等。总之,用短时间可操作的形式去检测学生学习并灵活运用的效果,以便进一步指导。

第四步,妙笔生花用写法。精选题目,明确要求,进行有效的写作作业设计。巩固知识,运用技巧,掌握方法。

部编版八年级下册第五单元写作指导课
——写好游记教学设计

一、教学内容分析

1.基于课标

基于第四学段"表达与交流"中"多角度观察生活,发现生活的丰富多彩,能抓住事物的特征,为写作奠定基础"等要求,侧重"语言运用""思维能力""审美与创造"三方面,提升学生核心素养。

2.基于教材

"作文程式学习"是八年级下教材写作教学的重要内容之一,包括审题立意、布局谋篇、修改润色、有创意地表达等内容;八年级下册第五单元"学写游记"侧重抓住景物特征,用多种表现手法,多角度写出游览中的所见所闻所感,突出独特之处。

二、学习者情况分析

执教者执教班级非尖子班,大部分学生的写作能力较弱,八年级下的学生自小学以来已经有过多次写作游记的经历,但普遍存在"流水账"

问题——缺少对具体景物细致描写,材料主次不清,详略不当以及缺少游览时的独特情思。本课主要针对游记无感染力、无可读性的"流水账"问题进行教学。

三、教学目标设定

(1)提炼归纳游记标准,学习增强感染力和可读性的写作技巧。

(2)运用所学技巧,评改例文,创作游记写景片段。

四、教学重难点

(1)比读四篇课文,对应游记"三要素"提炼归纳游记写法。

(2)运用多种方法细致描摹所见所闻之景,运用抒情、议论等方式表达所感之情,增强游记的感染力和可读性。

(3)运用所学技巧,评改例文、创作游记片段。

五、评价设计

(1)能够从课本中归纳游记写作技巧。

(2)能够运用所学技巧,评改例文,创作游记片段。

六、教学活动

步骤(时间)	教学活动及层次	活动设计意图	评价活动设计
一、情境导入 （3分钟）	看图猜景点——展示重庆知名景点图片，引出征文活动及征文主题，明确写作任务：写作一篇能展示重庆自然和人文魅力的游记； 明确本课课题及教学目标：写好游记。	激趣明课题。	学生知晓学习目标。
二、觉知： 经典引路知写法 （10分钟）	1. 问道经典——"寻其特探其法" 2. 游记标准齐归纳：提炼游记的写作内容、写作方法。	从经典例文中归纳出游记的写作标准，形成写作游记的知识框架。	学生分析课文，归纳出写作游记的一般方法。
三、调和： 慧眼识珠评写法 各抒己见补其短 （10分钟）	根据游记标准，点评并润色例文。	运用游记框架，从游记例文中发现并解决其中的问题。	学生能发现例文的优缺点；并能动笔弥补例文中写景不细致、不生动等不足。
四、归纳： 总结写作方法 （5分钟）	师生对例文的补写作点评，巩固游记写作方法。	进一步巩固知识。	学生总结归纳所学方法。
五、迁移： 妙笔生花用写法 （12分钟）	选取最感兴趣的一处景，写一个片段。要求：定点观察，抓住特点，仔细描摹。	巩固知识，运用技巧，掌握方法。	学生能够运用学到的方法，写作一个片段。

七、板书设计

一起去旅行之写好游记

所至：顺序 详略

所见：定点 移步 感官 方位 正侧 修辞 动静 虚实

所感：想象 联想 象征 情景交融 借物喻人

八、作业与拓展学习活动设计

A（写作水平较高的同学）：运用本课所学，依据游记写作"进阶版"标准，将课内写作的片段，扩写为一篇完整的游记。

B（写作水平一般的同学）：运用本课所学，依据游记写作"基础版"标准，将课内写作的片段，扩写为一篇完整的游记。

九、教学资源与技术手段说明

例文选用第五单元四篇课文及一篇有明显缺点的游记，运用幻灯片、投影展台等多媒体教学。

十、教学反思与改进

（1）对增强游记感染力和可读性的写法指导，在板书上呈现的重点不突出。

（2）课堂的迁移运用仅就写景进行训练，从游记三要素的角度来看，显得不够完整。

将作文还给"我"教学设计

一、教学内容分析

1.基于课标

围绕核心素养"思维能力""审美创造",并根据总目标中"积极观察,感知生活""乐于探索,勤于思考""初步掌握比较、分析、概括、推理等思维方法",即"表达自己的见闻和感受,学习发现美、表现美和创造美"的要求,力求达成"多角度观察生活,发现生活的丰富多彩,能抓住事物的特征,为写作奠定基础。写作要有真情实感,表达自己对自然、社会、人生的感受、体验和思考,力求有创意"的"表达与交流"类学段目标。

2.基于教材

九年级下册教材以审题立意、选材加工、布局谋篇和手法新颖的全方位要求来进行作文教学。

二、学习者情况分析

九年级下学期的学生已经有一定的写作基础,亟待解决写作中出现的具体问题,以及获得作文高分的技巧,本课主要针对他们日常写作中

"我"的存在感太弱或者太强的缺点进行教学。

三、教学目标设定

(1)通过对课文的分析,学习在写作中"有我"但不"独我"的写作技巧。

(2)运用学到的写作技巧,有针对性地修改作文,掌握本课所学。

四、教学重难点

(1)赏读课文,学习用写作方法"联系我"的技巧。

(2)从同学范文中总结"突破我"的写作思路。

(3)运用所学技巧,有针对性地修改作文。

五、评价设计

(1)能够从课文和同学作文中总结写作技巧。

(2)能够运用所学技巧,有针对性地修改作文。

六、教学活动

步骤(时间)	教学活动及层次	活动设计意图	评价活动设计
一、二阶诊断——课前评价	阅读四篇同学的作文并打分，写上打分理由，比较四篇文章有何异同。	初步阅读，自主预习。	学生给四篇作文作出自己的主观评价，并附上理由。
二、觉知——比较知问题	同学们，之前我们以"像……一样生活"为题写了一篇作文，老师找出了几篇有意思的文章，大家来看看。 1.比较并评价作文（一）与作文（二）：你认为哪一篇文章更亲切？为什么？ 明确：作文（一）更亲切，因为作文（一）"风"激励"我"在困难的学习生活中前进，我与"风"联系紧密；作文（二）只写了风，缺少真正的"我"与生活。 2.小明说："按照刚才的评价标准，作文（三）'我'的存在感极其强烈，让人代入其中，是最亲切的一篇！"你同意小明的评价吗，为什么？ 明确：作文（三）"我"的存在感极其强烈，风几乎没有出现，成了"我"的独自抱怨。反而造成了枯燥之味的阅读感受。 教师总结：这次作文作业，最大的两个问题就是作文（二）（三）反映出来的"没有我"和"只有我"。所以，今天这节课，就让我们到课文和同学佳作中去探索，如何写好一篇"有我"但不"独我"的作文。	反思作业，找到问题。	学生根据比较阅读，思考分析同学作文，找出作文写作中"没有我"和"只有我"两个问题。

续表

步骤(时间)	教学活动及层次	活动设计意图	评价活动设计
三、调和——佳作寻方法	(一)带着问题读课文:怎样做到"有我"但不"独我"? 快速阅读课文《紫藤萝瀑布》,将文中有"我"的句子画出来,读一读。 1.认真品读句子,说说作者是如何把"我"融入进文章的?请展开小组讨论,总结技巧。 明确: (1)脚步、伫立——把"我"的行为融入物的描写; (2)流过——运用想象、联想来写"我"的感觉; (3)想:这里再也——运用心理描写,刻画"我"的心境; (4)花和人——通过思考,点出"我"的领悟。 2.再读一读课文第1段和11段,你有什么发现? 明确:"我"的前后两次出现——开头结尾要以"我"的行为前后呼应。 3.这8次"我"出现在哪些位置?比重如何? 明确:在每一次重点描写紫藤萝后都穿插"我"的感受,虽然占比不多,但贯穿全文,使得"我"与写作重点紫藤萝联系紧密。 4.反复朗读"花和人……",这句话起到什么作用? 升华主旨——文章中一定要有一句升华主旨的总结句,来联系"我"的思考。	分析课文,学习写作技巧。比较课文与同学佳作,进一步巩固学习。	学生根据对课文和同学佳作的品读分析,归纳出能够解决写作问题的方法。

续表

步骤(时间)	教学活动及层次	活动设计意图	评价活动设计
三、调和——佳作寻方法	以后你写作文的时候也应有一个思考的句子,与主旨相关。这个句子表达方式最好用什么——议论、抒情。 (二)比较《像星星一样生活》和《紫藤萝瀑布》,两篇文章有什么不同？都是写物,星星和紫藤萝的作用一样吗？ 1.紫藤萝——写作对象(重点) 　我——推动文章发展的出现 　　——写物反映我的成长 2.星星——寄托、载体、线索 　我——写作对象(重点) 　　——写我因物成长 11处"我"——语言、神态、心理活动 明确:两种写法都能够做到"有我"但不"独我",但写作重点和详略安排不同。		
四、归纳——总结学写作	板书总结本节课学到的技巧:融入贯穿"我"的行为;运用联想、想象;心理描写;写出人物思考,升华主旨;设计详略、明确写作重点。	进一步巩固知识、提炼思想方法。	学生总结本课所学,归纳方法。
五、迁移——修改用技巧	讨论:结合所学,对作文(二)和(三)进行修改,并与全班交流。 1.请同学在作文(二)括号处,补充"我"的行为、感觉、思考。 2.随机抽选小组上台利用PPT对作文(三)修改进行说明,请其他小组评价并补充。	巩固知识,运用技巧,掌握方法。	学生能够运用学到的方法,修改同学作文。

续表

步骤(时间)	教学活动及层次	活动设计意图	评价活动设计
五、迁移——修改用技巧	修改指导： 1.立意上要明确"风"的精神内涵，要给"风"赋予具体的意义才能写出对应的困境和突破，比如勇敢、自由、洒脱等，重新拟定一个积极向上的、明确的作文主旨；增加"风"的片段——"风"出现在实际学习生活中的场景，体现"风"精神的片段。 2.对"风"进行描写，对"我的困境"进行具体的场景描绘，增加情感的表达。 3.将"风"的片段穿插进"我"的困境中，并用中间段落重点写"风"的精神，而后加入"我"得到的启示和"我的突破"片段。		

七、板书设计

```
有我，不独我——将我的行为融于物

            想象

            心理描写

            思考、升华主旨

            前后呼应

            详略安排
```

八、作业与拓展学习活动设计

A(写作水平较高的同学)：运用本课所学，修改自己的作文并重新写作一篇范文；帮助B等同学修改作文。

B(写作水平普通的同学)：与小组内A等同学从本课所学的三个方面，对自己的作文展开讨论；结合讨论结果对自己的作文进行修改，在作文上做批注，注明修改理由。

C(写作水平较低的同学)：依照本课选材立意和"起承转合"式结构的知识，重新构思一篇作文提纲，并注明每一段打算运用的写作方法。

九、教学资源与技术手段说明

例文选用课文《紫藤萝瀑布》及同学作文，运用幻灯片、投影展台等多媒体教学。

十、教学反思与改进

(1)教学目标应当更清晰、明确，环节设计要紧扣教学目标。
(2)应更注重方法传授和学生过手，力求立竿见影的教学效果。

中篇 数学教学范式

教研组概况

一、教研组整体情况

我校初中数学教研组，由37位各具特色的优秀个体组成。其中重庆市骨干教师3人，南岸区骨干教师4人，高级教师10人，一级教师15人，南岸区名师工作坊3人。教研组老师累计获全国优质课赛一等奖3人次，重庆市优质课赛一等奖2人次，南岸区优质课赛一等奖5人次，南岸区作业设计比赛一等奖6人次，重庆市精品作业设计2人次；初中数学教研组的数学老师业务精湛，在区内具有一定的影响力，多次参加中考命题，在中考阅卷场上多次获得"优秀阅卷教师"和"优秀指导教师"称号，多人次在区内外开设公开课和专题讲座，担任重庆市"领雁工程"评委，区内外优质课评委等。总之，这是一支业务精湛、团结协作、踏实耕耘、关爱学生、具有教育情怀的优秀教师队伍。

二、教研组教育教学获奖及科研成果

获奖人	获奖名称	奖项等级	颁奖单位
刘明洪	第二届"京师杯"全国中小幼教师数字化教学能力展示活动	全国二等奖	国家新闻出版署融合发展重点实验室；北京师范大学教材研究院
刘绍红	重庆市第八届初中数学青年教师优质课评比	市级一等奖	重庆市教育科学研究院
刘明洪	重庆市义务教育阶段学校作业设计评选活动	市级精品	重庆市教育委员会
王丽	重庆市义务教育阶段学校作业设计评选活动	市级精品	重庆市教育委员会
肖莲琴	2022年重庆市中数专委会论文评比	市级一等奖	重庆市教育学会中学数学教学专业委员会
刘绍红	2022年重庆市中数专委会论文评比	市级二等奖	重庆市教育学会中学数学教学专业委员会
王丽	2022年重庆市中数专委会论文评比	市级一等奖	重庆市教育学会中学数学教学专业委员会
刘明洪	2022年重庆市中数专委会论文评比	市级二等奖	重庆市教育学会中学数学教学专业委员会
肖莲琴	重庆市南岸区初中数学优质课大赛	区级一等奖	南岸区教师进修学院
刘绍红	重庆市南岸区初中数学优质课大赛	区级一等奖	南岸区教师进修学院
刘明洪	重庆市南岸区初中数学优质课大赛	区级一等奖	南岸区教师进修学院
刘明洪	南岸区2018年风华杯教师赛训活动	区级特等奖	重庆市南岸区教育委员会
刘明洪	"国培计划(2021)"——重庆市骨干教师培养对象培训项目(初中数学)示范课比赛	市级一等奖	重庆第二师范学院 国家级培训办公室

续表

获奖人	获奖名称	奖项等级	颁奖单位
赵星起	南岸区初中数学"希沃杯"优质课大赛	区级一等奖	南岸区教师进修学院
刘明洪	南岸区初中数学"双减"背景下课后作业设计	区级一等奖	南岸区教师进修学院
王丽	南岸区初中数学"双减"背景下课后作业设计	区级一等奖	南岸区教师进修学院
赵星起	南岸区初中数学"双减"背景下课后作业设计	区级一等奖	南岸区教师进修学院
肖莲琴	南岸区初中数学"双减"背景下课后作业设计	区级一等奖	南岸区教师进修学院
刘绍红	南岸区初中数学"双减"背景下课后作业设计	区级一等奖	南岸区教师进修学院
伍秀兴	南岸区初中数学"双减"背景下课后作业设计	区级一等奖	南岸区教师进修学院
肖莲琴	重庆二外首届学术年会科研成果	校级一等奖	重庆第二外国语学校
肖莲琴	2021—2022学年下期学科作业设计	校级二等奖	重庆第二外国语学校
刘明洪	2022—2023学年上期学科作业设计	校级一等奖	重庆第二外国语学校
刘明洪	2021—2022学年上期解题能力大赛	校级一等奖	重庆第二外国语学校
李亚东	2021—2022学年上期解题能力大赛	校级一等奖	重庆第二外国语学校
肖莲琴	2022—2023学年上期学科作业设计	校级一等奖	重庆第二外国语学校
刘绍红	2022—2023学年上期学科作业设计	校级一等奖	重庆第二外国语学校

学科理论基础

一、学科课标要求及核心素养

(一)《义务教育数学课程标准(2022年版)》(简称为"数学课标")要求

通过义务教育阶段的数学学习,学生逐步会用数学的眼光观察现实世界;会用数学的思维思考现实世界;会用数学的语言表达现实世界(简称"三会")。学生能:

(1)获得适应未来生活和进一步发展所必需的数学基础知识、基本技能、基本思想、基本活动经验。

(2)体会数学知识之间、数学与其他学科之间、数学与生活之间的联系,在探索真实情境所蕴含的关系的过程中,发现问题和提出问题,运用数学和其他学科的知识与方法分析问题和解决问题。

(3)对数学具有好奇心和求知欲,了解数学的价值,欣赏数学美,提高学习数学的兴趣,建立学好数学的信心,养成良好的学习习惯,形成质疑问难、自我反思和勇于探索的科学精神。

(二)核心素养

数学课程要培养的学生核心素养,主要包括以下三个方面:

1. 会用数学的眼光观察现实世界

数学为人们提供了一种认识与探究现实世界的观察方法。义务教育阶段，数学眼光主要表现为：抽象能力（包括数感、量感、符号意识）、几何直观、空间观念与创新意识。通过对现实世界中基本数量关系与空间形式的观察，学生能够直观理解所学的数学知识及其现实背景；能够在生活实践和其他学科中发现基本的数学研究对象及其所表达的事物之间简单的联系与规律；能够在实际情境中发现和提出有意义的数学问题，进行数学探究；逐步养成从数学角度观察现实世界的意识与习惯，发展好奇心、想象力和创新意识。

2. 会用数学的思维思考现实世界

数学为人们提供了一种理解与解释现实世界的思考方式。在义务教育阶段，数学思维主要表现为：运算能力、推理意识或推理能力。通过经历独立的数学思维过程，学生能够理解数学基本概念和法则的发生与发展，数学基本概念之间、数学与现实世界之间的联系；能够合乎逻辑地解释或论证数学的基本方法与结论，分析、解决简单的数学问题和实际问题；能够探究自然现象或现实情境所蕴含的数学规律，经历数学"再发现"的过程；发展质疑问难的批判性思维，形成实事求是的科学态度，初步养成讲道理、有条理的思维品质，逐步形成理性精神。

3. 会用数学的语言表达现实世界

数学为人们提供了一种描述与交流现实世界的表达方式。在义务教育阶段，数学语言主要表现为：数据意识或数据观念、模型意识或模型观念、应用意识。通过经历用数学语言表达现实世界中的简单数量关系与空间形式的过程，学生初步感悟数学与现实世界的交流方式，能够有意识地运用数学语言表达现实生活与其他学科中事物的性质、关系和规律，并能解释表达的合理性；能够感悟数据的意义与价值，有意识地使用真实数据表达、解释与分析现实世界中的不确定现象;欣赏数学语言的简洁与优美,逐步养成用数学语言表达与交流的习惯,形成跨学科的应用意识与实践能力。

二、基于课标的深度学习理论

结合初中数学学科的特点以及数学课程对学生数学学科素养提出的要求,我们认为,初中数学深度学习是指在教师引领下,学生围绕具有挑战性的数学学习主题,全身心积极参与、成功体验并获得有意义的数学学习的过程。在这个过程中,学生开展以从具体到抽象、运算与推理、几何直观、数据分析和问题解决等为重点的思维活动,获得数学核心知识,把握数学的本质和思想方法,提高思维能力,发展数学学科核心素养,形成积极的情感、态度和正确的价值观,逐渐成为既具独立性、批判性、创造性又有合作精神的学习者。初中数学深度学习的教学设计重点在于通过精心设计问题情境和学习任务,引发学生认知冲突和深度思考,关注对学生的形成性评价。

初中数学深度学习是对数学知识本质的理解,对知识内在联系的认识和整体把握;而不只是对数学知识零散的记忆和堆砌、技能的熟练和重复。初中数学深度学习是让学生在经历知识产生的过程中体会其中的数学思想方法,形成数学的思维方式,并将数学的知识方法尽可能与现实问题建立联系,解决现实问题;而不只是对数学概念、命题等结构性知识的掌握。初中数学深度学习是让学生主动参与、积极探索,经历数学知识"再发现"的过程,是在不断反思、质疑和应用中对学习对象深度加工的过程;而不是一蹴而就、被动接受的过程。

初中数学深度学习是让学生在丰富的数学学习活动中形成积极情

感体验和对数学价值的正确认识，而不是只看到书本上的"冰冷"概念、公式及抽象的数学符号和图形。初中数学深度学习要求学生不仅要了解一个数学研究对象是怎样获得的，而且要学习如何对它展开进一步研究，如它的多种表征、它与其他相关数学研究对象间的关系、它蕴含的规律和性质，还要在对它学习的过程中，获得数学的基础知识、基本技能、基本思想、基本活动经验，增强发现和提出问题的能力、分析和解决问题的能力，发展数学学科素养。

三、学科深度学习研究概述

初中数学深度学习的内涵决定了初中数学深度学习可以使学生的数学学习具备以下特点：

(一)学生能够体会数学知识的整体结构和联系

数学学习过程是一个持续不断、前后联系的过程。初中数学深度学习要求能够整体呈现初中数学内容的结构，以融会贯通的方式对学习内容进行组织、整合，尽可能地体现内容本质之间的联系。掌握知识之间的内在联系，最终的目的是要通过这些联系形成一个合理的、有机的知识结构，这个结构既有客观的知识之间的逻辑关系，又有学生个性化的认识和理解。初中数学深度学习的目标就是要为学生创设条件和机会让他们建构出自己的知识结构，并不断将其优化。

(二)学生积极参与富有思维含量的数学活动

数学学习过程是教师、学生围绕学习内容而展开活动的过程，初中数学深度学习要求学生能够全身心投入具有挑战性的、富有思维含量的学习活动。在这个过程中,学生经历"探索""归纳""发现""论证"等阶段,经历知识的形成过程,在获得知识、方法的同时,发展数学思维,体会数学学科的思想方法以及数学在解决现实世界问题中的价值,体验挑战成功后的喜悦。

(三)学生能够体会数学核心内容的本质

初中数学深度学习的另外一个重要特征是,学生在学习过程中,能够抓住数学知识的本质和关键特征。如在学习平行四边形性质的过程中,学生应能够掌握研究图形性质的方法(从哪些角度研究、研究图形的哪些性质等),并自觉迁移到特殊平行四边形的研究中,体会这些图形之间的一般与特殊关系等,在辨识、归纳、概括中真正理解概念、原理和方法,把握数学学科知识的本质。

初中数学深度学习的发生需要教师对数学核心内容及其本质有整体的把握和认识,对数学知识的本质和知识间的联系有深刻的理解,而最终让学生体会其中蕴含的数学思想方法、提升学生的核心素养是深度学习的根本目的。数学核心知识是一类知识的聚焦点,基于核心内容进行整体分析是实现深度学习的基础。因此,深度学习的教学设计与单元教学设计之间有着密切的关系。单元教学是按某种标准将一类内容作为整体进行教学设计并实施的教学方式。单元教学设计能很好地体现整体性,它将教学活动中的每一环节均纳入整个单元教学规划来考虑,这种整体性设计有助于优化学生的认知结构,使学生对知识的掌握更加系统和深入。以单元学习主题为统领的深度学习教学设计与一般教学设计的不同之处在于它的整体性、深刻性和发展性。

(四)学生能够将知识迁移到新的情境中加以应用

应用意识和数学建模是数学学科核心素养的重要组成部分,初中数学深度学习以提升学生的学科素养为目标,学生对数学知识的本质把握与否、对思想方法的理解与否,与是否能够在具体的问题情境中加以应用是有密切联系的,也关系到思维能否得到提升和发展。

基于深度学习的初中数学新知建构课操作范式的解读

一、新知建构课的界定

新知建构课是学生学习新内容、新知识的课,是初中数学基本课型之一,在每学期的教学进度中,占课时总数约60%以上。它实质上是授课在新课程背景下的积极转型,即学生在特定学习环境中,经历情境思考、合作探究、迁移应用、反思梳理等学习活动,在原有的知识体系基础上创造性地发现、提出、分析、解决问题,进而完成知识体系的更新,即新知建构。

二、基于深度学习的新知建构课的功能

初中数学深度学习是指在教师引领下,学生围绕具有挑战性的数学学习主题,全身心积极参与、成功体验并获得有意义的收获的数学学习过程。在这个过程中,学生开展以从具体到抽象、运算推理、几何直观、数据分析和问题解决等为重点的思维活动,获得数学核心知识,把握数学的本质和思想方法,提高思维能力,发展数学学科核心素养,形成积极

的情感、态度和正确的价值观,逐渐成为既具独立性、批判性、创造性又有合作精神的学习者。因此,初中数学新知建构课的设计重点在于通过精心设计问题情境和学习任务,引发学生产生认知冲突和深度思考,关注对学生的形成性评价,以实现以下功能:

(1)让学生主动参与建构,体会数学知识的整体性和联系。

(2)让学生积极参与探究,亲历富有思维含量的数学活动。

(3)让学生尝试归纳提炼,揭示数学知识本质和关键特征。

(4)让学生进行迁移应用,练就分析与表达能力,发展核心素养。

三、基于深度学习的新知建构课的运行机制

教学运行机制是指教师充分考虑学科基础理论、思想方法、教育教学理论基础和学生认知规律,通过教学行为促进学生全面健康发展的教学工作体系,是师生间知识技能、思想方法和价值观念互动的过程和方式。基于深度学习的新知建构课的教学运行机制包括三个方面:引发与促进机制、建构与生成机制、迁移与反思机制。

(一)引发与促进机制

深度学习不是自然而然发生的,而是需要引发和促进。具体包括三个方面:引发学生质疑并引导其提出挑战性问题;围绕学习主题提供探究路径或探究任务;营造充分体验、积极交流、民主活泼的学习环境,保证学生全身心投入学习活动。

(二)建构与生成机制

根据具身认知理论,知识应该被理解为人类参与这个世界过程中创

造性涌现、生成的产物,这奠定了深度学习和核心素养形成的基础,即参与基础上的建构和生成。

在教学中,教师创设学习情境,学生从情境中提炼(即发现、提出)数学问题,经过自主思考、合作探究、分析和解决问题,进而对数学的研究对象及其关系、结论和方法产生新的认识与拓展,并将其融合到已有的知识结构中,完成自身知识的立体建构和动态化生成,从而实现真正意义上的"走进数学"。

(三)迁移与反思机制

"迁移与反思"是检验学习效果和学习价值的途径。一方面,学生在学习情境中迁移运用所学知识、技能、思想、活动经验,有理有据地认识、理解和表达现实世界的本质、关系和规律;另一方面,学生主动反思学习内容及其建构路径,锚准知识的生长点与延伸点,促进学习的积极性与自觉性、思维的深刻性与批判性发展。

"引发与促进""建构与生成""迁移与反思"三个方面形成了较为完整的学习系统,循序渐进地促进学生数学核心素养的提高,在新知建构课中相伴发生,相辅相成。

四、基于深度学习的新知建构"347"范式解读

根据新知建构课的功能与运行机制,我们构建了新知建构"347"教学范式。其中,"3"为课前、课中、课后三个学习阶段;"4"为4个深度学习认知路径发展:觉知、调和、归纳、迁移;而"7"则指向新知建构的7个环节,贯穿于三个阶段中。总体架构如下图:

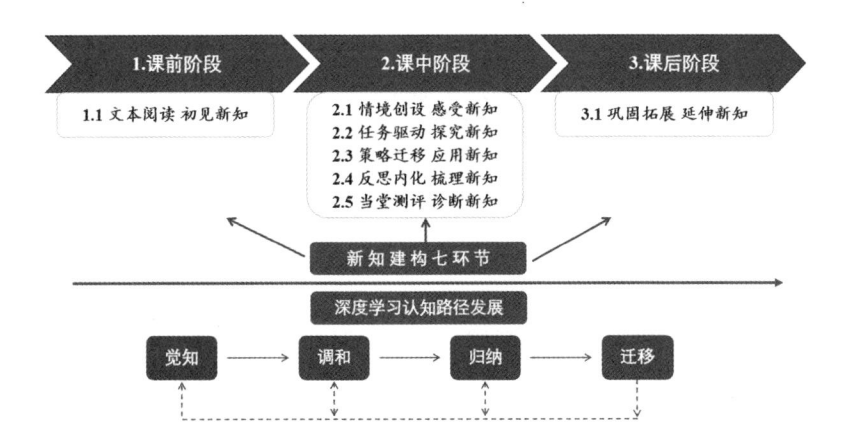

```
┌─────────────┐    ┌─────────────┐    ┌─────────────┐
│ 1.课前阶段  │    │ 2.课中阶段  │    │ 3.课后阶段  │
└─────────────┘    └─────────────┘    └─────────────┘
 1.1 文本阅读      2.1 情境创设 感受新知    3.1 巩固拓展 延伸新知
     初见新知      2.2 任务驱动 探究新知
                  2.3 策略迁移 应用新知
                  2.4 反思内化 梳理新知
                  2.5 当堂测评 诊断新知

              ┌──────────────────┐
              │  新知建构七环节  │
              └──────────────────┘

              ┌──────────────────────┐
              │ 深度学习认知路径发展 │
              └──────────────────────┘

    ┌──────┐  →  ┌──────┐  →  ┌──────┐  →  ┌──────┐
    │ 觉知 │     │ 调和 │     │ 归纳 │     │ 迁移 │
    └──────┘     └──────┘     └──────┘     └──────┘
```

(一)新知建构"3"之解读

范式中"3"有两重理解。第一重基于学习时空发展:指学生经历的课前、课中、课后三个阶段;第二重基于新知建构阶段发展:结构萌芽阶段、结构生成阶段、结构深化阶段,分别匹配课前、课中、课后。而结构生成阶段是新知建构的主体部分,具体表现为亲历过程、建构概念和高阶认知。亲历过程是指学生经历主动探究、发现问题、解决问题的完整学习过程;建构概念是指学生基于原有的知识经验,生成意义、建构理解;高阶认知则侧重于分析、综合、评价层次的学习。

(二)新知建构"4"之解读

基于深度学习的认知路径发展包含了觉知、调和、归纳、迁移四个阶段。

觉知阶段是学习的入口,即学生参与、感知、体验和理解学习内容的过程;调和阶段主要在内化的基础上进行,学生在这一阶段会产生多种理解、疑惑甚至误解,需要对多种认知进行选择、反思和重组,进而构建自己的认知结构;归纳阶段主要对调和阶段逐渐统一的认知进行反思和整理,这一阶段具有两项功能:一是形成合理的认知结构,二是在科学认知结构的基础上融合和选择不同策略去解决同一问题,从而形成最优路径,为达到"自动化"迁移做准备;迁移阶段逐渐形成稳定的结构,并能迁移到不同的情境和问题解决中去,同时在这一过程中不断修正和优化认知。

认知的四个阶段沿图中实线路径发展,而每个阶段亦可根据学生的学习诊断和反馈情况沿虚线路径返回和循环,直至完成新知建构的全过程。

(三)新知建构"7"之解读

"7"指向新知建构的7个环节,贯穿于三个阶段中,具体如下:

阶段	环节	教师活动	学生活动	操作策略	深度学习认知发展
课前阶段	文本阅读 初见新知	指向阅读文本,出示预习提纲。	自主阅读、勾画、理解新知。	1.课时阅读建议以教材为文本,单元阅读建议拓展至网络学习,以便于单元整体认知和建构。 2.教师拟定的预习提纲可涉及:①回顾和新课有关联的知识,追溯已得知识生长点;②指向本课主题,并引导学生初步勾勒其框架;③指导学法,如写下困惑点或质疑点等。 3.学生在自主阅读时,伴随勾画、理解、关联、提炼、提问、质疑等学习动作,初步感受本课时或单元的主体内容,以及与旧知的关联。	觉知

续表

阶段	环节	教师活动	学生活动	操作策略	深度学习认知发展
课中阶段	情境创设 感受新知	1.创设并出示关联本课核心知识的问题情境,引发学生运用数学眼光观察,尝试数学思考。2.师生互动中,自然揭示新知课题。	独立思考情境问题,经历数学思考的过程,提出问题解决的关联思考,初步勾勒新知的学习框架或路径。	1.创设情境时,根据新知内容的不同,可以创设真实的生活情境、科技情境、数学问题情境和复习旧知情境等,具有一定的挑战性,以引发学生的挑战欲望;同时,情境的选择注意渗透对新知学习的积极情感目标,着力于对学生兴趣方面的引导和对学生数学眼光的培养。情境的输出力争形式多样化,如视频、图片、故事、问题等。2.学生对于部分问题情境的解读无需全面揭示,而在于思考问题解决的可能路径,以引导手段的探究为主。	觉知 调和
	任务驱动 探究新知	围绕课题相关学习内容,设计形成本课新知的探究化问题串或探究活动群。	以任务为驱动,通过独学、对学、群学的方式展开探究,积极获得新知(回归"四基")。	1.在任务设置时,注重启发式和冲突式任务,激发兴趣,引发深度思考;在教学实施时,积极关注过程性目标的达成,在时间和空间上让学生亲身经历观察、猜测、实验、计算、推理、验证、数据分析、直观想象等活动,感受新知的探究与生成过程,充分积累数学活动经验,提高发展分析和解决问题的能力,形成有效的数学思考。2.学习活动匹配探究任务的难易指数,且充分尊重课堂生成动态调整。如简单问题自主探究,中档问题同伴交流,较难问题小组分工、研讨等。	调和 归纳

续表

阶段	环节	教师活动	学生活动	操作策略	深度学习认知发展
课中阶段	策略迁移 应用新知	1.创设并出示应用新知解决的应用化问题。2.适时追问，以强化新知应用，迁移问题解决的思考过程及方法，强调语言、书写等表达规范。	独立思考或同伴互助完成，分享展示思路。	1.本环节的功能以作业设计为依托，在作业设计时应立足教材，丰富形式，且考虑各个层次的学生对数学学习的需求，渗透分层教学；2.提倡以评（师评生，生评生）促学，以导（面上集中指导，点上个性化指导）促长，师生互动成为学习共同体：有生成与反思，有质疑与矫正。在问题解决的过程中，教师应注重培养学生的分析及表达能力，力争让思维可视化，并鼓励其用数学的语言合理、规范、有效表达。	迁移 归纳
	反思内化 梳理新知	抛出问题，"学了什么？怎么学？学后有何惑何思？"引导学生回顾学习过程，提炼和建构。	从目标出发，结合错点，反思梳理本课的知识收获及学习路径或研究方法，促成新知的多维立体建构，培养系统思维，回归单元整体学习。	此环节为学生基于新知学习后的反思和建构，及时刻画新知，使其在学生认知中基本生成。在初中学习起始阶段，可由老师引导完成，后续尝试与同伴交流完成，再发展即要求学生独立回顾，自主梳理建构，既要梳理出本课新知的全貌（知识点、易错点、数学思想方法等），更要梳理出新知对于单元学习的价值，感悟承前启后，引导学生厘清初中数学知识的"链式结构"，分析知识之间的"网状体系"，形成系统思维，培养建构能力。	归纳

续表

阶段	环节	教师活动	学生活动	操作策略	深度学习认知发展
课中阶段	当堂测评 诊断新知	1.创设并出示应达标评价的题目2—3个。2.点面关注,通过统计数据评价教学的有效性,及时查找学生对新知掌握的缺漏之处。	1.在规定的时间内独立完成评价题目。2.自主批改,主动反思并纠错。	1.设计的达标评价题目要体现本课的核心知识点,题目层次要把握适度,以提振学生学习的自信和诊断学生的迁移能力是否达成。同时,由面及点关注学生,及时发现学生的错误,针对错误,及时归类点评或进行个别指导,以实现高效课堂。2.评价时,引导学生积极进行自主评价,基于新知的过程性理解和结果性获得进行客观审视,并就疑惑点大胆追问,寻求老师或同伴的帮助。	迁移
课后阶段	巩固拓展 延伸新知	结合本课新知,进行分层作业设计,设置"必做档:基础夯实"及"选做档:综合提升",创设"实践档:操作与探究"。	1.课后整理收获,基于知识、策略、思想方法及易错点于反思簿上自主完善建构。2.自主思考,独立完成,针对疑难处主动标记。	1.引导学生再次自主反思,并于反思簿中生成建构全貌,为后续学习作铺垫。2.作业设计时,紧扣本课学习目标,设计上凸显基础性、层次性及创新性;在选编方面,优先参考教材习题资源,做到应选尽选,题尽其用。在题目的设计上,必做题是面向全体学生,起到巩固新知的作用;选做题是针对学有余力的学生,起到启迪思维、甄别和发展数学特长学生的作用,以此促进学生个性发展,实现"不同的人在数学上得到不同的发展"。	归纳 迁移

五、基于深度学习的新知建构课评价标准

(1)体验和亲历知识的发生过程——学习交互中,应尽可能还原知识发生的场景,模拟知识的发现、形成、发展过程。

(2)建构并融入已有的知识结构——学生调动已有经验,将当前的学习内容与已有的知识经验进行结构性关联,以建构新的经验,形成系统化思维能力。

(3)探究和归纳本质规律——从具象到抽象,发展学生深刻而灵活的高阶思维能力与品质。

(4)迁移和应用问题解决——迁移和应用是对学习结果的深化,亦是学习的目的之一。

(5)评价并反思学习的价值意义——教师应引导学生认识到知识学习对成长和发展的意义,促成积极的价值观。

六、存在的问题与思考

数学课标指出:数学是研究数量关系和空间形式的科学,帮助人们认识、理解和表达现实世界的本质、关系和规律。数学不仅是运算和推理的工具,还是表达和交流的语言。数学承载着思想和文化,是人类文明的重要组成部分。因此,基于深度学习的新知建构课范式亦应是变化的且关注人文的。

变化,即新知建构课的每个环节并不是一成不变的,可以根据学情及实际演绎情况变化调整;而关注人文的,即要关心学生的学习体验、学习情感和学习感悟,尊重学生的认知起点和规律,让学生的非智力因素被充分关注和激发,进而培养学生对数学的学习热情,旨在让沉睡的知

识被炙热的探究唤醒,蔓延出有序的新知生成与建构。

另外,本范式还存在的两个困惑点:

(1)课前阶段中的"文本阅读　初见新知"环节在实践中略显尴尬,学生的认知水平参差不齐,本阶段达成的效果不一,因此未在课堂上进行反馈,仅停留在一个基于学生个体认知的原始建构阶段,隐性服务于学习探究。

(2)课中阶段的"当堂测评　诊断新知"在实践中常因课堂时间不够而被忽略,究其原因往往是应用新知环节设计太满。两个环节在功能上均指向迁移,但在评价功能上略有不同,后者更倾向于自评。

北师大版七年级下册"认识三角形"教学设计

一、教学内容分析

1.基于课标

(1)理解三角形的相关概念,了解三角形的稳定性。

(2)探索并证明三角形内角和定理。

(3)了解直角三角形的概念,探索并掌握直角三角形的性质定理:直角三角形的两个锐角互余。

2.基于教材

三角形是最简单、最基本的几何图形之一,在生产和社会生活中随处可见。它是研究其他图形的基础,在解决实际问题的过程中也有着广泛的应用。本节课是学生在学习了直线、线段和角等初步几何知识的基础上,以小学的三角形相关知识为基础,具体介绍了三角形的有关概念、符号表示、内角关系以及分类。本节课既是对前面所学知识的应用和延展,也为后续学习三角形全等和三角形相似以及四边形的性质和判定等内容奠定知识基础。让学生经历观察、动手操作、探索、归纳等活动,有助于培养符号意识,积累数学活动经验,提高合情推理能力和有条理的表达能力,体会数学知识间的内在联系,感悟其中蕴含的数学思想方法。

因此，无论是在知识结构还是在数学应用以及对学生的能力提升等方面，本节课都起着承前启后的作用，具有重要地位。

二、学习者情况分析

从知识层面来看，学生在小学已经初步学习了有关三角形的一些知识，在日常生活中也接触过不少三角形，对三角形已有了较为丰富的生活经验和一定的感性认识，如：能在生活中抽象出三角形的几何图形，能说出三角形的一些相关概念。进入初中后，学生对线段及角的符号表示法、线段及角的度量也有了一定的认识，但是对三角形的概念、相关的性质尚缺乏较为系统的、严谨的、深刻的、抽象化的理解和归纳，所以，由感性认识上升到理性认识还有一定的距离，还需要教师去引导、讲解。

从活动层面来看，学生在小学学习三角形的内角和时，可以通过撕、拼的方法得到结论，学生积累了一定的拼摆、测量、操作、观察、交流等活动经验。在第二章学习"相交线与平行线"时，学生的合情推理能力和语言表达能力得到了初步培养。同时，学生经过合作学习，具备了一定的合作交流经验。但是，对于七年级学生而言，其抽象思维能力、演绎推理能力及使用图形语言、符号语言表达思维过程的能力有限，几何直观、空间观念还有待培养。

三、教学目标设定

(1)通过探究新知，认识三角形的概念、三角形的符号表示法，掌握"三角形的内角和等于180°"这一概念，并能解决简单的问题。

(2)通过观察、操作、想象、推理、交流等活动过程，发展空间观念、合情推理能力和有条理的表达能力,并渗透化归思想和归纳猜想等数学思想。

(3)在应用新知中体会数学的现实意义,体验合作的乐趣和解决问题方法的多样性。

四、教学重难点

(1)重点:认识三角形的基本概念;探索并证明三角形内角和定理;掌握直角三角形的性质定理。

(2)难点:运用三角形内角和定理以及直角三角形的性质定理解决几何问题。

五、评价设计

(1)在情境引入中,能感受几何图形的发展路径以及能在实际生活中抽象出三角形模型,能说出三角形的稳定性,从而理解三角形的现实意义。

(2)在探究新知中,能说出三角形的基本概念,在活动中,能参与小组合作,成功通过三角形撕角来描述三角形内角和定理,从而积累合作交流的经验。

(3)在应用新知中,能借助三角形内角和定理以及直角三角形性质定理解决有关角度的几何问题。

(4)在课堂评价中,绝大多数学生能运用所学知识和方法策略独立自主完成1、2问,且正确率在85%以上。

六、教学活动

步骤	教学活动及层次	活动设计意图	评价活动设计
【课前学习】 文本阅读 初见新知	1. 课前制作几个任意三角形纸片，回顾小学所学的撕角，探究三角形内角和定理，并尝试还有什么撕、拼的方法。 2. 翻书阅读章节目录以及章头启示，思考本节课会学什么内容，本章会从哪些方面认识和学习三角形，并将自己的疑惑写在章头，将可能要学习的知识点以知识框架的形式画在章头。	1. 课前准备，为新课学习准备好工具，回顾小学所学知识，并在此基础上尝试新方法。 2. 阅读教材章头启示与章节目录，感受本章学习主题，并结合已有知识储备完成部分学前知识预构。	教师统计学生的完成情况，提前预估学生对于本节内容的学情。
【课中学习】 环节一 情境创设 感受新知	（基本平面图形知识框架图：一条线—直线/射线/线段；两条线—角、相交线、平行线；三条线—三角形……） 1. 回顾研究几何图形的历程。 2. 生活中你见过哪些三角形呢？ （从古代的金字塔再到如今的各式各样的现代建筑，三角形里面到底蕴含了怎样的奥秘呢？） 3. 下列由三条线段构成的图形是不是三角形呢？三角形怎么定义的呢？（图片举例）	从图形研究的起点出发，一条线、两条线形成的图形，再到三条线形成的图形，几何图形开始由简易走向复杂，从开放图形走向封闭图形，让学生体会到几何图形研究的路径。	学生能够在回顾几何图形研究的路径中说出研究的方向：从简单到复杂；在现实情境中能抽象出三角形概念，说出三角形具有稳定性。

续表

步骤	教学活动及层次	活动设计意图	评价活动设计
环节一 情境创设 感受新知		第二个问题,情境引入让学生感知生活中的三角形的应用无处不在,激发学生的探求欲望,感受到数学与生活息息相关,如,生活中充分运用了三角形的稳定性,这使得我们学习和认识三角形成为必要,也是研究该图形的现实理由。	
环节二 任务驱动 探究新知	探究1:三角形的定义 自学教材P81内容,回答下列问题: 1.什么叫三角形? 由不在同一直线上的三条线段首尾顺次相接所组成的图形叫三角形。 2.三角形有哪些要素? 三个顶点:点A,B,C是三角形的顶点; 三个角:$\angle A, \angle B, \angle C$叫作三角形的内角,简称三角形的角; 三条边:线段$AB,BC,CA(c、a、b)$是三角形的边。 3.三角形的表示方法: 三角形用符号"$\triangle$"表示;"$\triangle ABC$"读作"三角形ABC",除此以外,$\triangle ABC$还可记作$\triangle BCA$,$\triangle CAB$,$\triangle ACB$等。	1.给学生时间自阅教材,通过自己的理解勾画关键词,这样可让学生大脑中三角形的形象更加清晰,让学生经历概念的形成过程,通过活动体验和问题思考对形象进行加工,抓住概念的本质特征,从而建构完整准确的概念,培养学生的抽象概括能	1.学生能通过自学教材中的三角形概念,回答这三个问题,说出三角形的相关基本概念。

续表

步骤	教学活动及层次	活动设计意图	评价活动设计
环节二 任务驱动 探究新知	探究2:三角形内角和定理 活动一:撕一撕 (1)通过小学的学习,我们知道在△ABC中,∠A+∠B+∠C=_____。 (2)想一想,小学是如何验证三角形的内角和是180°的? 如图,当时我们是撕下两个角,把∠A移到了∠1的位置,把∠B移到了∠2的位置。 (3)能否只撕掉两个角来证明三角形内角和180°呢? (4)只撕一个角怎么验证三角形内角和180°呢? 合作探究:①小组一起动手撕三角形纸片,然后拼在一起;②一起探讨如何说明三角形内角和180°。 让学生先独立思考,然后用事先准备好的三角形纸片进行撕、拼。在学生探究过程中,教师到各小组巡回指导,参与他们的讨论,鼓励他们提出疑问,但并不急于评判他们的答案,而是有针对性地启发和指导,引导他们利用平行线的有关性质说明理由,让学生互相交流不同的设计方案。小组代表上台演示做法,并讲解为什么"只撕下一个角"也可说明三角形的内角和为180°。	力和语言表达能力。 2.让学生回忆小学学过的验证三角形内角和的方法(将三个角拼成一个平角),并动手操作,为(4)中利用平行线相关知识验证三角形内角和做准备。 3.引导学生回忆小学采用的撕、拼方法,对比与现在方法的不同,进一步思考撕、拼的方法依据是什么,从而实现从直观操作到推理思辨的转化与升华,既是对平行线的性质、判定的复习、巩固,也为后续该定理的证明以及辅助线的添加积累了经验。	2.在小组活动中,学生能在组内发表自己的建议,分享自己的撕、拼方法,并同他人交流经验,5分钟后选小组上台演示。 3.学生能够齐答出探索三角形内角和180°定理的过程中运用的重要推理思想:转化思想。

续表

步骤	教学活动及层次	活动设计意图	评价活动设计
环节二 任务驱动 探究新知	探究三角形内角和180° ⇄转化⇄ 平角的定义(180°) / 两直线平行,同旁内角互补(180°) 小学的做法是将撕下的三个角拼成一个平角,依据平角的意义,说明三角形的内角和为180°。上述做法(如只撕下一个角)的依据是什么呢?在此,预设学生的回答可能有两种:一是依据平行线的同位角相等;二是依据平行线的同旁内角互补。作为教师对这两种回答都应给予肯定,并鼓励学生用自己的语言进行表达。注意只要求口头说明理由,不要求书面证明。 归纳:符号语言 在△ABC中,∠A+∠B+∠C=180° 探究3:三角形的分类(按角分) 我们小学知道可以按照三角形三个内角的大小,把三角形分为三类: 锐角三角形 直角三角形 钝角三角形 三个内角都是锐角 有一个内角是直角 有一个内角是钝角 活动二:猜一猜被遮住的三角形的形状并说明理由	4.通过活动,使学生从游戏中归纳出根据三角形内角的大小只能把三角形分成三类的结论。让学生在理解三角形内角和为180°之后,学习延伸的知识点——直角三角形的符号、斜边、直角边以及直角三角形两个锐角互余。同时培养学生良好的学习习惯,提高学生灵活运用所学知识的能力。	4.学生能从老师创设的实际情境中感受三角形按角分类的依据,从而发现最大角的度数是决定三角形形状的关键。

步骤	教学活动及层次	活动设计意图	评价活动设计
环节二 任务驱动 探究新知	归纳：判断三角形形状的方法，确定最大角的类型。 直角三角形可以表示成：Rt△ABC 直角所对的边叫斜边，夹直角的两条边叫直角边。 归纳：符号语言 想一想：在Rt△ABC中，∠B和∠C有什么关系？ ∵ 在Rt△ABC中，∠C=90° ∴ ∠A+∠B=90°		
环节三 策略迁移 应用新知	例．如图，已知△ABC，回答下列问题： (1) 若∠A：∠B：∠C=1：3：5，则∠C=___，△ABC为___三角形（填"锐角""钝角"或"直角"）； (2) 若∠A+∠B=∠ACB，则∠ACB=___，△ABC为___三角形（填"锐角""钝角"或"直角"）； (3) 在(2)的条件下，过点C做CD⊥AB交AB于点D，∠1与∠B有怎样的数量关系？请说明理由。 (3) 解：∠1=∠B，理由如下： 由(1)可知∠ACB=90° ∴∠1+∠2=90° ∵CD⊥AB（已知） ∴∠CDB=90° ∴在Rt△CDB中，∠2+∠B=90° ∴∠1=∠B	本环节是对三角形内角和为180°的直接应用，可用多种方法，如方程思想等，教师可在本环节规范解题步骤，从解法多样性的角度拓展学生的发散思维。本环节题目设置由易到难、循序渐进，是为了考查学生对本节知识的掌握情况，也为了巩固和应用本节知识，培养学生运用知识解决实际问题的能力。	学生能通过自己的独立思考完成(1)(2)两个小问，并说出理由。

续表

步骤	教学活动及层次	活动设计意图	评价活动设计
环节四 反思内化 梳理新知	问题一：通过本节课的学习，你对三角形又多了哪些认识？ 问题二：本节课用到了哪些数学思想方法？（方程思想、化归思想、归纳总结思想……）	鼓励学生说出自己本节课的收获，既有助于学生回顾和巩固本节课所学知识、学习过程和思想方法，最后以一个框架结构的形式呈现出来，有助于学生完善知识结构。	学生能够回答出本节所学内容、方法以及路径，并沿着该路径，学生能够提出新的问题，如本节课着重从角的维度研究三角形，三角形的边也是重要的要素之一，从边的维度是怎么进行研究呢……
环节五 当堂测评 诊断新知	1. 在 $\triangle ABC$ 中，$\angle C=65°$，$\angle B=25°$，则这个三角形是_____三角形（填"锐角""直角"或"钝角"）。 2. 如图，点 D 在 BC 的延长线上，$DE \perp AB$ 于点 E，交 AC 于点 F。若 $\angle A=35°$，$\angle D=15°$，则 $\angle ACB$ 的度数为_____。	第1题通过三角形内角和定理，判断三角形形状，巩固三角形内角和定理以及三角形的分类知识，培养学生数学抽象素养、数学运算素养；第2题充分运用三角形内角和定理以及直角三角形两锐角互余的性质，求角的度数，培养学生的数学抽象、数学计算、数学推理素养。	学生能通过独立思考解决1、2两个问题，并能够说明理由，正确率能达85%以上。

七、板书设计

```
认识三角形

1. 三角形的基本概念

基本要素 ⎰ 顶点
         ⎨ 角
         ⎩ 边
```

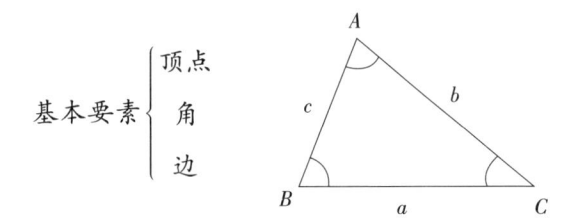

（图：△ABC，顶点A、B、C，边a、b、c）

2. 三角形内角和定理

符号语言

在 △ABC 中，$\angle A + \angle B + \angle C = 180°$

3. 直角三角形性质定理

符号语言

∵ 在 Rt△ABC 中，$\angle C = 180°$

∴ $\angle A + \angle B = 90°$

八、作业与拓展学习活动设计

课本P84课后习题1、2、3、5。

【设计意图】充分研读课本教材，在教材习题中精选与学生能力素养相匹配的题目，全面发展学生的能力素养和对所学知识进行再巩固。

九、教学资源与技术手段说明

综合考虑学生的认知特点、接受能力,以及出于培养其几何直观、推理能力的需要,本节课提供了生动有趣的问题情境,设计了撕、拼等多种形式的活动,提供了观察、操作、推理、交流等丰富的交流平台,其目的是给学生创设、探索的空间,并借助多媒体展台,充分展示学生在活动探究中思考讨论的成果,以增强学生的语言表达能力和自信心。

十、教学反思与改进

(1)在教学过程中,教师只是创建了一个学生探究和展示的平台,留足了时间给学生去探索和思考,关注学生的思考过程,将课堂还给学生。

(2)在应用新知中,教师充分改编三个小问让学生独立思考,渗透解决问题的方法策略,以及在课堂小结中,将知识框架建构起来,让学生回顾本节所学知识和方法途径,并提出了新的研究三角形的问题,为继续学习下一节内容作了铺垫。

(3)思考:在探究三角形内角和定理的环节中,都只是运用了撕、拼的实践操作就完成了推理,只是很简单地运用了平行线的相关性质就证明了该探究过程,这里可否提出其他证明三角形内角和定理的方法,或者除了借助平行线、平角得到三角形内角和为$180°$,还可以怎样转化得到$180°$的结论?

北师大版八年级上册"一次函数的图像"教学设计

一、教学内容分析

1.基于课标

能画一次函数的图像,根据图像和表达式 $y = kx + b(k \neq 0)$ 探索并理解 $k > 0$ 和 $k < 0$ 的图像的变化情况;理解正比例函数。

2.基于教材

"一次函数的图像"是义务教育课程标准北师大版实验教科书八年级(上)第六章"一次函数"的第三节内容,共计2个课时。本课系其中的第一课时,专门研究正比例函数,一是让学生经历描点画图过程,归纳并掌握"所有正比例函数的图像都是直线"这一共性;二是让学生在画图、观察以及比较中,认识正比例函数的 k 值对函数图像及性质的影响,渗透分类讨论及数形结合等数学思想方法。本课时的学习对于第二课时乃至后续对反比例函数、二次函数的图像及性质的学习均有着重要的铺垫作用;在后续函数的学习时均可以类比本课中正比例函数的研究路径,对其余函数对象展开探究。

二、学习者情况分析

1.从学生的知识技能来看

学生已经在七年级学习了"变量之间的关系",对利用图像表示变量之间的关系已有所认识,并能从图像中获取相关信息,但对函数与图像的联系还比较陌生,需要教师在教学中引导学生突破函数与图像的对应关系这一重点。

2.从学生的活动经验来看

在七年级以及八年级前三章的学习中,学生已经经历过较多的操作性活动和探究性活动,具备了一定的探究能力。

3.从学生的心理特征来看

八年级是学生自我意识和智慧的增长期,也是心理状态极不稳定的时期。八年级上期的学生大多数对数学学习有浓厚的兴趣和良好的心理素质,能积极参与到课堂学习中来。本课始于作图亦重在作图,因此在教学过程中,应充分关注作图的规范性;同时需要教师合理利用图片、视频等资源,积极创设更加有趣的情境或探究来提高学生的注意力和兴趣。

三、教学目标设定

(1)通过视频引入,使学生认识到函数图像学习是函数研究的重要部分,感悟函数图像学习必要性。

(2)经历正比例函数的画图学习过程,了解画函数图像的一般步骤,能熟练画出正比例函数的图像,进一步积累数学活动经验。

(3)经历绘制、观察、猜想、验证等探索过程,理解并掌握正比例函数及其图像的相关性质,提高数形结合的意识和能力,感悟分类的思想和方法。

(4)能熟练应用正比例函数的图像及性质解决相关问题,进一步发展应用意识和有条理地表达的能力。

(5)通过整理环节,完善知识结构,能主动归纳方法及易错点。

四、教学重难点

1.教学重点

(1)能熟练画出正比例函数的图像,理解正比例函数的图像是一条直线。

(2)理解并掌握正比例函数及其图像的相关性质,发展数形结合的意识和能力,感悟分类的思想和方法。

2.教学难点

(1)通过对图像的对比、观察,能有条理地表述正比例函数的图像及其性质,发展数形结合的意识和能力,感悟分类的思想和方法。

(2)能正确、熟练地应用正比例函数的图像与性质解决相关问题。

五、评价设计

(1)在情境创设中,通过视频学习与思考,认识到函数图像学习是函数研究的重要部分,感悟函数图像学习必要性。

(2)在探究新知中,能积极参与到正比例函数的画图学习过程,了解画函数图像的一般步骤,能熟练画出正比例函数的图像,进一步积累数学活动经验；经历绘制、观察、猜想、验证等探索过程，能尝试表达、理解并掌握正比例函数及其图像的相关性质，发展数形结合的意识和能力，感悟分类的思想和方法。

（3）在应用新知中，能熟练应用正比例函数的图像及性质解决相关问题，进一步发展应用意识和进行有条理的表达的能力。

（4）在梳理新知中，能回顾整节课的收获，并基于知识、方法及探究经验等完善新知的建构。

（5）在诊断新知中，能正确、熟练地进行本节知识和方法的应用，正确率达90%。

六、教学活动

步骤	教学活动及层次	活动设计意图	评价活动设计
【课前学习】文本阅读初见新知	教师于课前抛出问题提纲，让学生完成。 【回顾】结合已有的学习，思考： 1.函数的表示方法有哪些？ 2.关于一次函数，我们已经研究了哪种表示方法？ 【展望】阅读教材P83—P84，思考： 1.我们还可以从哪些方面认识一次函数？ 2.关于一次函数的图像，我们大致会研究哪些内容？ 结合上述问题，尝试利用思维导图建构本课学习的框架，进一步完善单元学习建构。	【觉知】以问题提纲方式，引导学生回顾与预习，初步了解本课学习的概貌（即是什么），对一次函数的单元进行学习，使学生萌生进一步建构方向，培养系统思维。	1.学生能基于"一次函数的表示方法"体会本课题的研究意义。2.学生能尝试利用思维导图勾勒本课学习的框架。

续表

步骤	教学活动及层次	活动设计意图	评价活动设计
【课中学习】 环节一 情境创设 感受新知	师：播放视频《世界上最浪漫的数学题——笛卡尔与心形函数》，并抛出问题：你有何启示？ 生：观看欣赏，畅谈视频启示（如，心形函数是笛卡尔与公主爱情的见证，同样，函数图像是函数的重要组成部分）。感悟为何在对函数的研究中，图像是不可分割的一部分，进而体会函数图像学习的必要性。	【觉知、调和】以数学家的故事引入，一方面激发学生的学习兴趣，另一方面以数学家的眼光审视函数图像学习的必要性及重要性。	学生能在视频欣赏中体会"心形函数"作为爱情的见证的意义，进而感悟函数图像的学习对于函数研究的重要性。
环节二 任务驱动 探究新知	探究1：函数的图像 学生自主阅读教材P83第一段文字，勾画并理解"函数的图像"：把一个函数自变量的每一个值与对应的函数值分别作为点的横坐标和纵坐标，在直角坐标系内描出相应点，所有这些点组成的图形叫作该函数的图像。 教师展示物理学及生活中的函数图像应用： 物理学中的弹簧振子的简谐振动图像； 生活中抛出篮球时，篮球的高度与时间的图像； 搭乘摩天轮时，某一点的高度与旋转时间的图像等。 师：那一次函数的图像长什么样？我们应该如何研究一次函数 $y = kx + b(k \neq 0)$ 的图像？分享你的想法。 思路1：从正比例函数开始研究，从特殊到一般，由简单到复杂；		

续表

步骤	教学活动及层次	活动设计意图	评价活动设计
环节二 任务驱动 探究新知	思路2：先多画几个图像，再观察归纳图像共性特征； 思路3：既然$k \neq 0$，是否应该分类研究：$k > 0, k < 0$？ 探究2：正比例函数的图像 【活动1】画出正比例函数$y = 2x$的图像 1.学习画法 ①列表； | x | … | -2 | -1 | 0 | 1 | 2 | … | | y | … | -4 | -2 | 0 | 2 | 4 | … | ②描点：在平面直角坐标系中描出点$(-2,-4)、(-1,-2)、(0,0)、(1,2)、(2,4)$； ③连线：把这些点用平滑的曲线依次连接起来。 【读一读】学生自主阅读教材P83，勾画绘制图像的步骤，并分享细节点及困惑点。	【调和、归纳】探究1：师生互动，主动建构一次函数图像学习的框架：从特殊到一般，由简单到复杂，为学生后续函数相关学习提供思路，搭建桥梁。同时思路2、思路3则是在学习函数图像的具体探究方法上埋下伏笔。	在探究1中，学生能借助生活中的实例理解函数的图像，对如何研究一次函数的图像进行思考并作出回答，此过程既是学生课前学习和建构的一次诊断，亦为单元的学习提供整体思路。过程中，教师应以引导和鼓励为主。

续表

步骤	教学活动及层次	活动设计意图	评价活动设计
环节二 任务驱动 探究新知	学生观察绘制得到的图像,并猜想:函数 $y=2x$ 的图像是一条直线。 2.验证:函数 $y=2x$ 的图像是一条直线。 【操作】利用数学工具(几何画板)动态演示(以微课形式呈现)函数 $y=2x$ 的图像生成过程。 动画点 $x=7.37$ $y=2x=14.75$ $A:(7.37,14.75)$ 计算函数值 描点 可变化 绘制图像:$y=2x$ 3.判断:点 $(-\frac{1}{2},1)$ 在 $y=2x$ 的图像上吗? 更进一步,思考:如何判断某个点与某个函数图像的位置关系? 【活动2】在平面直角坐标系中画出 $y=-x$ 的图像。 操作:1.学生在学习单上运用描点法自主绘制函数图像,同伴核对检查,并互助完善作图细节; 2.观察函数 $y=2x$ 与 $y=-x$ 的图像,说一说:正比例函数 $y=kx(k\neq0)$ 的图像是什么? $y=2x$	探究2:本环节是学习画法和理解图像的重要环节。一方面需要强调的是在连线的时候使用"平滑的曲线",为后续更多函数图像的学习与绘制奠定基础。另一方面,引导学生再次学习、反思作图步骤及细节,观察图像,猜测是直线并借助学习工具的演示理解为什么是直线,让学生知晓:该图像从何来,为何是?	在探究2中,应重在引导学生亲身经历画图学习和实践的全过程,即自学画法,研讨画法,实践画图,观察图像,再改良画图,感受到学习的进阶。同时,教师要重视规范作图,对学生实施个性化指导,以帮助其扣好学习函数图像的第一粒扣子,过程中鼓励学生质疑,探究。

续表

步骤	教学活动及层次	活动设计意图	评价活动设计
环节二 任务驱动 探究新知	结论：正比例函数 $y=kx$ 的图像是一条经过原点 $(0,0)$ 的直线。 3.思考：根据上述特征，如何快速画正比例函数图像？ 思路：因为两点确定一条直线，只需要定两个点就可以了，通常选择 $(0,0)$，$(1,k)$ 点，前提是便于描点。 4.举例：再在平面直角坐标系中画出 $y=2x$ 的图像。 师生互动，借助 $(0,0)$ 和 $(1,2)$ 两点快速绘制函数图像。 探究3：正比例函数的性质 【活动3】继续在同一平面直角坐标系中画出下列函数图像： $y=-x$；$y=2x$；$y=\dfrac{1}{2}x$；$y=-4x$	活动2中，学生通过模仿绘制正比例函数图像、观察图像归纳共性——过原点的直线。优化画法，再归纳画正比例函数图像的四个步骤，加深了对一次函数图像的理解及应用；让学生有"操作中发现，发现中应用"之感，体验探究的乐趣与价值。	在探究3中，鼓励学生通过合作学习探究掌握正比例函数图像的性质。过程中，鼓励学生对比观察图像，并大胆表达，在教师追问中加深理解的准确性和深刻性。

步骤	教学活动及层次	活动设计意图	评价活动设计
环节二 任务驱动 探究新知	1. 自主绘制函数图像： 引导学生运用"两点确定一条直线"，通过列表、描点、连线三个步骤绘制。 2. 观察图像，并在小组内分享交流： (1)图像分布的象限有什么特点？ (2)随着x值的增大，y的值如何变化？ (3)y值的变化快慢情况？ 思考：正比例函数中的k值具体如何影响函数图像？ 3. 分享结论： ①当$k>0$时，图像分布在第一、三象限，y值随x值的增大而增大； 当$k<0$时，图像分布在第二、四象限，y值随x值的增大而减小。 ②在正比例函数$y=kx(k\neq 0)$中，y值的变化快慢与$\|k\|$有关：$\|k\|$越大，y值变化越快（数），直线越靠近y轴（即越陡）（形）。 运用数学工具（几何画板）验证猜想，进而肯定猜想。	活动3旨在探究正比例函数的性质，通过自主画图、观察、交流、归纳等学习活动，最终获得结论，充分感悟到分类讨论与数形结合是函数研究的好方法。学生参与函数性质的开发和验证过程，为其后续学习函数相关知识积累了丰富的活动经验以及严谨的思考方式。	

续表

步骤	教学活动及层次	活动设计意图	评价活动设计
环节三 策略迁移 应用新知	下列正比例函数中： ①$y=8x$；②$y=-0.6x$；③$y=\sqrt{5}x$；④$y=-\dfrac{3}{2}x$. (1) 图像分布在第一、三象限的有_____； (2) y 的值随着 x 值的增大而减小的有_____； (3) 点 $(5,-3)$ 在函数_____的图像上； (4) 若函数 $y=8x$ 的图像经过点 $A(1,y_1)$ 和 $B(2,y_2)$，则 y_1____y_2（填">""<"或"="）； (5) y 值变化最快的是____，最慢的是____。 【想一想】你还能提出哪些问题？请分享。 预设： 函数 $y=-0.6x$ 的图像经过点和 $A(x_1,y_1)$ 和 $B(x_2,y_2)$，若 $x_1>x_2$，则 y_1____y_2（选填">""<"或"="）.	【迁移、归纳】此环节中，师生互动，示范如何利用正比例函数的图像与性质解决相关问题，在涉及比较函数值大小的问题时，可使用代入计算比较法、利用增减性分析或利用图像法比较，进一步提升应用意识，发展数形结合的能力，以促使学生能用数学思维思考，更能用数学语言表达。同时，在应用中，借"想一想"这一环节，鼓励学生从"做题人"转变为"出题人"，同时尊重班级学情及认知，真正实现课堂的作业分层设计。	学生独立思考并作答，教师观察并针对学生完成情况进行及时批改，一方面收集典型错例，另一方面对学生进行个性化指导，以达成诊断新知的效果。最后，更进阶地，鼓励学生从"做题人"转变为"出题人"，培养其专家思维。

续表

步骤	教学活动及层次	活动设计意图	评价活动设计
环节四 反思内化 梳理新知	经历本堂课的学习,请分享: 1.今天学习了什么知识,关注到了哪些易错点? 2.经历了怎样的学习路径及研究方法? 3.后续准备研究什么问题,如何研究? 梳理框架参考如下: ①画法:列表、描点、连线 ②本质:一条过原点的直线 ③正比例函数的性质 类比研究一次函数的图像其他函数的图像…… 今天学习了什么知识? → 经历了怎样的学习路径运用了何种研究方法? → 后续准备研究什么问题,如何研究? ①研究起点:特殊(正比例函数) ②研究方法:学画法→应用画图→观察图像→归纳性质 ③思想方法:数形结合、分类讨论 $y = kx(k>0)$,$y = kx(k<0)$	【归纳】鼓励学生大胆发言,教师进行适当补充,以完善并建构起知识与方法的框架。	学生回顾整堂课,流畅地表达、系统性地建构本堂课的收获。
环节五 当堂测评 诊断新知	1.关于函数 $y = -3x$,下列判断正确的是(　　)。 A.图像必经过点$(-1,-3)$ B.图像必经过第一、三象限 C.y的值随x的值的增大而减小 D.无论x为何值,总有$y<0$ 2.已知函数 $y = \dfrac{1}{2}x$ 的图像经过点$A(-1,y_1)$和点$B(-2,y_2)$,则 y_1____y_2(选填">""<"或"=")。 温馨提示:请写下整堂课中你的困惑。	【迁移】引导学生完成基于本课新知的自主评价;教师由面及点关注学生,及时发现学生的错误,并针对错误,及时归类点评或进行个别指导。	本环节中,引导学生自主评价,诊断新知掌握情况,主要实现三大自主:自主思考作答,自主评价,自主纠错及反思。

七、板书设计

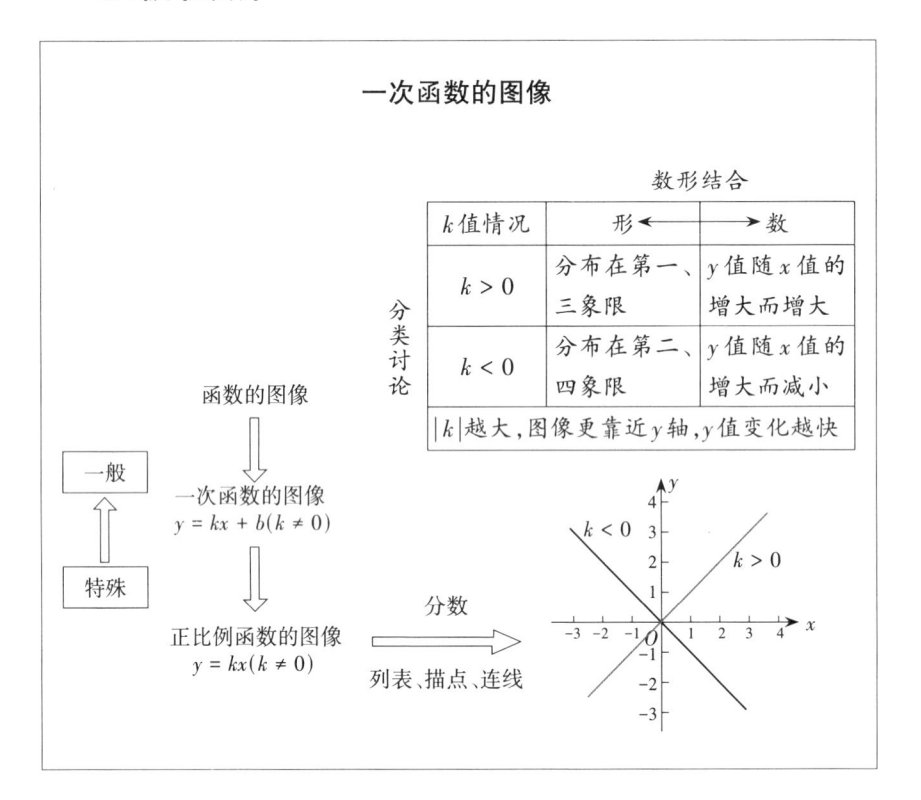

一次函数的图像

数形结合

k值情况	形 ⟷ 数
$k > 0$	分布在第一、三象限 / y值随x值的增大而增大
$k < 0$	分布在第二、四象限 / y值随x值的增大而减小

$|k|$越大，图像更靠近y轴，y值变化越快

分类讨论

函数的图像 ⇩ 一次函数的图像 $y = kx + b(k \neq 0)$ ⇩ 正比例函数的图像 $y = kx(k \neq 0)$

一般 ⇅ 特殊

分数 ⟹ 列表、描点、连线

八、作业与拓展学习活动设计

1. 基础夯实（必做）

（1）教材P85习题。

（2）函数$y = 6x$是经过$(0,\underline{\quad})$和点$(\underline{\quad},6)$的一条直线，点$A(2,4)\underline{\quad}$（选填"在"或"不在"）直线$y = 6x$上。

（3）关于函数$y = \dfrac{1}{3}x$，下列结论中，正确的是（　　）。

A. 函数图像经过点$(1,3)$　　B. 不论x为何值，总有$y > 0$

C. y随x的增大而减小　　D. 函数图像经过第一、三象限

(4)已知正比例函数$y=kx(k\neq 0)$,当$x=-1$时,$y=-2$,则它的图像大致是(   )。

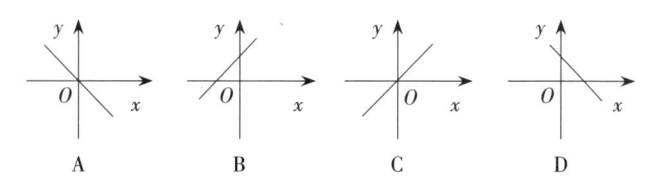

A B C D

2.能力提升(选做)

(1)已知正比例函数$y=(m+1)x$,若y的值随x值的增大而减小,则点$(m,1-m)$在第____象限。

(2)已知函数$y=(m^2+1)x$的图像经过点$A(x_1,y_1),B(x_2,y_2)$,若$y_1>y_2$,则x_1____x_2(选填">""<"或"=")。

3.操作与探究(挑战)

在平面直角坐标系中画出一次函数$y=2x+1$的图像。

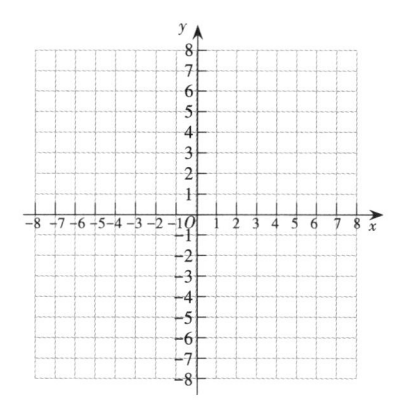

九、教学资源与技术手段说明

本课主体内容为正比例函数的图像与性质,主体探究过程在于学生亲历绘制、观察、交流、验证等过程,进而归纳获得正比例函数的图像及性质。

整堂课的主体设计思路保留了北师大版教材的设计,从探究新知到应用新知,均优先考虑教材资源,以保证科学性和合理性。因对函数性质的认知建立在对图像的观察上,故本课广泛应用数学工具几何画板辅助教学,一方面,提供精准的函数图像呈现,以推进整堂课的学习和探究;另一方面,在"认识正比例函数图像是否为一条直线"和"函数的性质"探究过程中,借助几何画板制作,录制为微课,以便于直观、生动呈现动态效果,化抽象为具象,助力学生深化理解。

十、教学反思与改进

1.结构化教学领航,探究彰显生机

本课主体内容为正比例函数的图像与性质,是一次函数图像研究的起点,亦是初中函数图像研究的第一课。因此,本堂课的学习与探究有着深刻的奠基作用,既是知识的起点,更是后续学习探究方法的起点。课堂中,教师基于单元整体教学理论,富有结构化、系统化思维,以"我们应当如何研究一次函数的图像""后续准备研究什么问题,如何研究"等问题为纽带,充分启迪学生对学习方法及路径的思考,系统进行尝试建构,让学生有"窥一斑而知全豹"的精彩体验,使探究过程彰显出生机和别样的生命力。

2.活动层层深入,做学习的主人

本课应用三个活动托举起整堂课,由教师引路,让学生做真正的主人。从活动一中的学画法,到活动二中应用画图,并发现正比例函数的图像是一条直线;再到活动三中运用"两点法"绘制、观察、交流、归纳获得正比例函数的图像及性质。学生经历操作、猜想、验证、归纳,身临其境,获得"拨云见日"般领悟;亦真正感悟到分类讨论、数形结合、类比数

学思想是我们函数学习的三把钥匙。

同时,在本堂课的学习中,绘制函数图像是学习的重点及后续研究的起点,针对它,课堂中设置了三个层次的作图活动,收效甚好。第一步,学画图,分享细节及困惑点;第二步,自主规范作图,同伴互助,完善作图细节;第三步,借"图像特点"作图,合作探究性质,体会图像的价值。过程中,"评价"与"反思"两个学习要素不断在师生之间、生生之间以及学生与文本之间渗透和升华!

3.重视作业设计,指向前行的路

课中的应用以教材课后习题为蓝本,进行整合设计,围绕正比例函数的图像与性质展开。在设计时,教师坚持"想到但却不面面俱到",而是问学生还能提出哪些问题,激发学生的应用力及创新力,尊重学生的理解及认知,给予学生思考和表达的空间,而学生所抛出的问题才是真正的作业分层体现。在较好层次的班级里,学生的提问会更趋于综合性及抽象性。如实际授课时,有学生提问,已知$y=kx(k\neq 0)$,已知$A(x_1,y_1)$,$B(x_2,y_2)$,且$x_1>x_2$,请比较y_1与y_2的大小关系。

在课后作业设计里,设置"在平面直角坐标系中画出一次函数$y=2x+1$的图像"这一挑战性问题,让学生感受到"得鱼不如得渔",这是课堂上探究的延续,是学习效果的评价,是学习信心与兴趣的引领,更是学科核心素养的浸润与根植。

基于深度学习的初中数学讲评课操作范式的解读

一、讲评课的界定

讲评课主要是指讲解或评论学生练习或测验的情况，分析其原因，并提出改进措施的具有一定特殊性的课型。它对学生已学过的知识起着矫正、完善、巩固、充实和深化的重要作用，是师生共同找寻问题原因、探讨解题策略、分析解题思路、提高解决问题能力的有效途径。

讲评课主要有练习讲评课、试卷讲评课等。

二、基于深度学习的讲评课的功能

深度学习最核心目的就是让学生在解决问题的时候，能够在自己浅层学习经验的基础上，进行自主思考、分析与探究，将已经掌握的数学知识有效迁移到新的问题情境中。在练习和试卷评讲的过程中，拓展学生的数学知识储备、完善学生的数学知识体系，培养学生举一反三的能力。同时，再对信息进行深层加工，寻找到更适合、更优化的解决方案，最终实现学生分析和解决问题能力、可持续化和系统化学习能力的同步提升。

因此,基于深度学习的初中数学讲评课的目标功能包括:

(1)巩固知识,查漏补缺——发现和纠正学生对知识认识的"偏差"和"误解"。

(2)加深理解,思维拓展——通过对问题正、反面的剖析,提高学生对知识本质的理解,综合联结相关知识,提升学生的思维品质、核心素养。

(3)情感激励,提升信心——矫正不良习惯,克服学习进程中的障碍,增强学生学习的信心。

(4)总结得失,调整方向——师生共同反思在教、学过程中存在的问题,并及时调整教、学的方式。

三、基于深度学习的讲评课的原则

1.整体系统原则

数学学科是一个系统性的整体,在基于深度学习的讲评课时,教师需要从整体角度出发来解读问题,对数学知识的逻辑性、可迁移性、结构统一性等特点有一个大致了解,然后按照知识点之间存在的关联性,将要讲解的题目分解成若干个板块,方便学生进行深度挖掘与探索,最后再由学生在理解和掌握的基础上构建更加完整的数学知识体系。

2.问题驱动原则

深度学习不同于以往的浅层学习,学生所追求的不再仅限于被动的学习和成绩的提升,而是自身自主学习能力以及综合素养的提升。对此,初中数学教师可以通过设置层层深入递进的问题来培养学生的数学思维,让学生能够在发现、提出、分析、思考和解决问题过程中,进一步深化学生的掌握与应用能力。为此,讲评课上需要教师以层层递进的问题和任务为驱动,利用学生的好奇心和求知欲,引发学生对数学知识本质的思考,让学生可以用批判的眼光和客观的态度来审视和分析教学问题,并结合以往的学习经验来灵活迁移所学的知识以解决实际问题。

3.变式迁移原则

基于深度学习的讲评课中,尤其要重视总结经验方法,并通过变式对所学知识进行迁移应用,以此来解决数学问题,加深学生对知识本质的理解,让学生可以在全面且客观看待教学问题的基础上,联系新旧知识,将以前所学的知识迁移至新的问题情境中,加以应用。因此讲评课教学中可以采取变式教学,以形式多变、一题多解的数学习题,来引导学生理解数学本质、拓展数学思维,在举一反三、策略优化、融会贯通的过程中实现对所学数学知识的有效迁移。

4.持续发展原则

深度学习需要的是一个循序渐进的过程,教师需要从教学中的点滴做起,将深度学习融入课前、课中、课后等一系列教学活动中,让学生在教师的长期监督和及时指正下,养成良好的自主学习能力和习惯,化被动为主动来探索数学知识,强化学生的数学学习效果,实现学生在数学方面的可持续发展。

四、基于深度学习的讲评课范式解读

根据讲评课的功能与原则,我们建构讲评课"三阶九环"的教学范式。其中"三阶"指的是"课前""课中""课后"三个阶段,"九环"指的是三个阶段全过程中一共九个环节。总体架构如下图:

试卷讲评课"三阶九环"范式

课前阶段
- 环节1　试卷分析,问题收集
- 环节2　师生交流,个别面讲
- 环节3　生生互助,交流合作

课中阶段
- 环节1　整体反馈,明确方向
- 环节2　归类释疑,变练过关
- 环节3　总结反思,悟中求进
- 环节4　当堂检测,评价促学

课后阶段
- 环节1　跟踪巩固,发展提高
- 环节2　个别辅导,体验成功

作业讲评课"三阶九环"范式

课前阶段
- 环节1　问题收集,自我纠错
- 环节2　师生交流,个别面讲
- 环节3　生生互助,交流合作

课中阶段
- 环节1　整体反馈,明确方向
- 环节2　归类释疑,交流提炼
- 环节3　巩固拓展,形成能力
- 环节4　总结反思,悟中求进

课后阶段
- 环节1　跟踪巩固,发展提高
- 环节2　个别辅导,体验成功

1. 试卷讲评课"三阶九环"范式

阶段	环节	教师活动	学生活动	操作策略
课前阶段	试卷分析，问题收集	成绩分析、试卷分析，对典型问题、特殊学生心中有数，认真备课。	自我诊断，分析得失进退，找到问题所在，及时自我矫正。	1.教师通过大数据平台，全面了解情况，包括班级的均分、每小题的得分率、知识板块得分率、进步明显和退步明显的学生，等等。这有利于教师课前备学情、备教法、备课堂组织，确定课堂讲评的重点和难点，做到有的放矢。2.学生课前分析试卷，进行自我评价。在讲评前，学生要充分利用教材、笔记等，纠正一般性错误。同时，分析错误的原因，明晰自己的优势与不足。
	师生交流，个别面讲	记录学生的典型问题，单独交流，深入了解学生解题困难，对基础性错误进行单独面讲。	与老师积极交流反馈，基础性错误当场解决。	批改试卷时，对于个别同学出现的基础性知识错误做上标记，利用晚自习单独发放试卷，对有标记的学生单独面讲，让学生当面纠错，做到对基础错误印象深刻。
	生生互助，交流合作	引导学生对一般性错误进行小组内部生生交流，教师观察并适时引导，抽检。	学生组内讨论，交流各自的方法；生生互助，解决疑难。	在晚自习发完试卷后，对于错误率在20%左右的一般性错误，由教师引导，进行小组内部合作交流，生生互助解决疑难。

续表

阶段	环节	教师活动	学生活动	操作策略
	整体反馈，明确方向	展示班级整体成绩数据、试卷答题分析、优秀学生等，以激励与表扬为主。	横向纵向对比，找出自己与别人的差距，与目标的差距。	花少量时间，基于课前相关统计，对考试的整体情况进行反馈，便于学生进行横纵对比，看到自己的长处，发现自己的不足，找出自己与别人的差距，关键是明确今后努力的方向。
课中阶段	归类释疑，变练过关	针对重点错误，抓知识主线，围绕数学思想，展开分类讲评，找出错因，分析正确思路，展示多种解法，出示变式练习。	在教师的点拨下，积极思考交流，逐步获得解决问题的方法，完成重点题目的书写过程。	1.按知识主线或思想方法主线或错因主线，分类讲评试卷中的重点错误，可以展示学生典型错误，暴露错因，实现各个突破。解决问题时，注意渗透数学思想方法，逐步培养核心素养。解决问题后可追问：本题的关键是什么？思想方法是什么？并对问题的解决方法进行提炼。 2.通过变式进一步加深理解，在变中寻求知识的本质，可使学生更深刻地认识其本质，挖掘知识间的内在联系，达到举一反三、触类旁通之目的。这里的变可以是一题多解、一题多变、条件结论交换等方式。

续表

阶段	环节	教师活动	学生活动	操作策略
课中阶段	总结反思，悟中求进	引导学生自己进行消化、反思、巩固。深度领悟数学本质，培养思维的深刻性，形成知识体系。	回顾并梳理本节课收获的知识、方法等。	总结环节在以学生主动学习为主的课堂中，绝不是简单的概括，而是渗透数学思想、总结数学方法，培养学生总结反思能力的过程。
	当堂检测，评价促学	精心设计一些有针对性的变式题进行跟踪测试，检验本节课的收获情况。	定时完成当堂检测，检验自己的达标情况。	花少量时间，基于本节课讲评主线，让典型题、易错题再次呈现，给学生提供多次练习的机会。
课后阶段	跟踪巩固，发展提高	布置有针对性、个性化的巩固作业进行拓展与延伸，帮助学生巩固知识，提高能力。	有错必纠，及时整理，随时记录。独立完成适合自己的个性化作业，自我检测和评价掌握情况。	作业可以采用如下方式：1.让学生做好试题的订正和分析整理工作（建议学生用黑笔书写、蓝笔订正、红笔批改，建立试卷错题集）。2.教师布置，学生完成其他个性化、差异化作业。
	个别辅导，体验成功	针对部分学生存在的没有完全理解的问题，利用课后、晚自习时间对这部分学生单独辅导，也可以是对考试后学生心理状态方面的疏导和激励。	正视自己的问题和错误，积极与老师交流沟通，及时解决每一次疑难。	讲评课上，教师更关注答题中存在的共性问题，但学生是有个体差异的，个别学生可能因为基础较差或理解接受能力有限，经过讲评课后仍有疑惑或难以掌握，这些学生需要教师课后的单独交流辅导，寻找深层次的原因，帮助学生解决困惑。

2.作业讲评课"三阶九环"范式

阶段	环节	教师活动	学生活动	操作策略
课前阶段	问题收集，自我纠错	认真批改作业，并收集整理学生存在的典型问题，为作业讲评准备素材，确定讲评重心。	第一时间翻看批改情况，并纠正能独立纠错的题目。	1.教师拍照整理学生典型问题，做好登记，梳理讲评主线，做好教学设计。2.学生在课间拿到作业的第一时间翻看自己作业的问题，并独立找出部分题目错因，原处红笔纠错。对于不会独立纠错的题目，在时间允许的条件下与小组同学或老师交流。
	师生交流，个别面批	记录典型学生的典型问题，单独交流，深入了解学生解题困难，基础性错误单独面讲。	与老师积极交流反馈，基础性错误当场解决。	批改作业时，对于个别同学出现的基础性知识错误做上标记，做好登记，利用课间对有标记的学生单独面讲，学生当面纠错，做到对基础错误印象深刻。
	生生互助，交流合作	让学生每天完成新作业前先对前一天的作业中的一般性错误进行小组内部交流，及时改错。	学生组内讨论，交流各自的方法；生生互助，解决疑难。	在作业下发后，对于错误率在20%左右的一般性错误，进行个人自纠或小组内部合作交流，生生互助解决疑难。

续表

阶段	环节	教师活动	学生活动	操作策略
课中阶段	整体反馈，明确方向	展示作业存在的普遍性问题，明确本节课讲解重心。	在老师的引导下，对照自己的作业，纠错和思考。	利用图片展示批改作业后收集的典型问题，梳理出本节课重点讲解的主线。
	归类释疑，交流提炼	针对重点错误，抓知识主线，围绕数学思想，展开分类讲评，分析错因和正确思路，提炼此类问题的基本解题策略。	在教师的点拨下，积极思考交流，逐步获得解决问题的方法，提炼此类问题的基本解题策略。	按知识主线或思想方法主线或错因主线，分类讲评试卷中的重点错误，可以展示学生典型错误，分析错因，实现各个突破。解决问题时，注意渗透数学思想方法，逐步培养核心素养。解决问题后可追问：此类问题的关键是什么？思想方法是什么？并对问题的解决策略进行提炼。
	巩固拓展，形成能力	出示几道与本节讲评主线有关的巩固练习题，带领学生对此类问题的解决策略掌握熟练，提高能力。	在老师的带领下，完成对应主线下的巩固练习，熟练掌握解题策略。	通过巩固拓展练习进一步加深理解，在变中寻求知识的本质，可使学生更深刻地认识其本质，挖掘知识间的内在联系，达到举一反三、触类旁通之目的。这里的变可以是一题多解、一题多变、条件结论交换等方式。
	总结反思，悟中求进	引导学生自己进行消化、反思、巩固。深度领悟数学本质，培养思维的深刻性，形成知识体系。	回顾并梳理本节课收获的知识、方法等。	总结环节在以学生主动学习为主的课堂中绝不是简单的概括，而是渗透数学思想、总结数学方法，培养学生总结反思能力的过程。

续表

阶段	环节	教师活动	学生活动	操作策略
课后阶段	跟踪巩固，发展提高	布置有针对性、个性化的巩固作业进行拓展与延伸，帮助学生巩固知识，提高能力。	有错必纠，及时整理，随时记录。独立完成适合自己的个性化作业，自我检测和评价掌握情况。	作业可以采用如下方式：1.让学生做好试题的订正和分析整理工作（建议学生用黑笔书写、蓝笔订正、红笔批改，建立试卷错题集）。2.教师布置，学生完成其他个性化、差异化作业。
	个别辅导，体验成功	针对部分学生存在的没有完全理解的问题，利用课后、晚自习时间对这部分学生单独辅导，也可以是对考试后学生心理状态方面的疏导和激励。	正视自己的问题和错误，积极与老师交流沟通，及时解决每一次疑难。	讲评课上，教师更关注答题中存在的共性问题，而学生是有个体差异的，个别学生可能因为基础较差或理解接受能力有限，经过讲评课后仍有疑惑或难以掌握，这些学生需要教师课后的单独交流辅导，以寻找深层次的错误原因，帮助学生解决困惑。

五、基于深度学习的讲评课评价标准

（1）联想与结构：学生经验与知识之间相互转化，对知识和经验的结构化整合。

（2）活动与体验：以学生为主体的主动活动，体验学科思想方法和积极正向的社会性情绪。

（3）本质与变式：抓住问题的本质属性，以简驭繁，才能举一反三，深度加工。

(4)迁移与应用:新旧知识的迁移,将所学知识转化为学生综合应用、实践的能力。

(5)价值与评价:帮助学生形成正确的价值观,自觉发展核心素养。

北师大版七年级下册相交线与平行线试卷讲评教学设计

一、教学内容分析

1. 基于课标

根据数学课标的要求,图形与几何部分的整体教学目标确定为:在探索、发现、确认、证明图形性质的过程中,借助几何直观,把复杂的数学问题变得简明、形象,发展空间观念和推理能力。本章学习的相交线与平行线在现实生活中随处可见,它们构成同一平面内两条直线位置的基本关系,既是学生认识基本平面图形性质的起点,也为后续学习其他平面图形性质提供基础知识和基本活动经验。

数学课标要求如下:

(1)理解对顶角、余角、补角等概念,探索并掌握对顶角相等、同角(等角)的余角相等、同角(等角)的补角相等的性质。

(2)理解垂线、垂线段等概念,能用三角尺或量角器过一点画已知直线的垂线。

(3)理解点到直线的距离的意义,能度量点到直线的距离。

(4)掌握基本事实:过一点有且只有一条直线与已知直线垂直。

(5)识别同位角、内错角、同旁内角。

（6）理解平行线概念；掌握基本事实：两条直线被第三条直线所截，如果同位角相等，那么这两条直线平行。

（7）掌握基本事实：过直线外一点有且只有一条直线与这条直线平行。

（8）掌握平行线的性质定理：两条平行直线被第三条直线所截，同位角相等。了解平行线性质定理的证明。

（9）能用三角尺和直尺过已知直线外一点画这条直线的平行线。

（10）探索并证明平行线的判定定理：两条直线被第三条直线所截，如果内错角相等（或同旁内角互补），那么两条直线平行；探索并证明平行线的性质定理：两条平行直线被第三条直线所截，内错角相等（或同旁内角互补）。

（11）了解平行于同一条直线的两条直线平行。

（12）能用尺规完成基本作图：作一个角等于已知角。

基于数学课标的要求，本章设计的总体思路是：在生动的问题情境和丰富的数学活动中，探索相交线、平行线的有关事实；以直观认识为基础进行简单说理，将几何直观与简单推理相结合，发展空间观念和推理能力；借助平行的有关结论解决些简单的实际问题。本节课设计的总体思路是：分析学生错因，分类纠正错误后进行跟踪巩固，在矫正过程中，充分调动学生积极性，提高学生分析问题、解决问题的能力。

2. 基于教材

本节是义务教育课程标准北师大版的七年级下册第二章"相交线与平行线"的章末测试讲评课。学生在学完整章后进行了章末检测，发现学生对平行线的性质与判定存在混淆，应用不熟练，尤其是性质与判定的综合应用上存在思维难点，对于如何把复杂的几何问题变得简明、形象还存在困难，学生的空间观念和推理能力较薄弱，因此本节讲评课将针对这些问题，分析错因，分类纠正错误，逐一突破，并进行跟踪巩固。

二、学习者情况分析

学生在小学阶段已经学习了一些简单的图形,在七年级上学期也进一步认识了一些基本的平面几何图形。学生具备了将几何直观与简单推理相结合的能力以及一定的动手操作能力和进一步观察、猜想并验证结论的意识。学生整体学习积极性高,表达能力较好,有较好的合作意识。此外,对"为什么要证明","三角形的证明"和"图形的平移与旋转"的知识点还未进行系统学习,所以学生对猜想得到的结论证明更多停留在验证的层面上,学生的空间观念和推理能力较薄弱。

三、教学目标设定

基于以上要求和学情,本节课的教学目标为:

(1)在问题解决过程中复习巩固相交线与平行线的相关知识;纠正典型的错误,提高学生熟练运用知识的能力,学会反思,形成推理能力。

(2)经历"思维动因的暴露",通过自我反思与归纳,形成解答同一类数学问题的经验。

(3)培养学生言之有理,规范表达的科学态度。

四、教学重难点

(1)教学重点:复习巩固相交线与平行线的相关知识,能熟练运用平行线与相交线的性质与判定解决问题。

(2)教学难点:熟练运用平行线与相交线的性质与判定解决问题,反思提炼,形成解决几何问题的一般方法。

五、评价设计

课堂参与度评价：认真听讲、积极参与思考和交流讨论、大方展示且有条理。

课堂完成度评价：5分钟独立完成当堂测评，合格率80%。

课后巩固度评价：(1)全体学生完成试卷纠错和笔记整理，梳理解题策略和思想方法，反思考试得失，20分钟完成；(2)部分同学再继续有针对性地完成课后巩固练习，20分钟完成。

六、教学活动

步骤(时间)	教学活动及层次	活动设计意图	评价活动设计
课前环节	一、试卷分析，问题收集 1.教师通过大数据平台，全面了解情况，包括班级的均分、每小题的得分率、知识板块得分率、进步明显和退步明显的学生，等等。这有利于教师课前备学情、备教法、备课堂组织，确定课堂讲评的重点和难点，做到有的放矢。 2.学生课前分析试卷，进行自我评价。在讲评前，学生要充分利用教材、笔记等，纠正一般性错误。同时分析错误的原因，明晰自己的优势与不足。	在授课之前完成对成绩的分析、试卷的分析，教师做到对典型问题、特殊学生心中有数，以便更有的放矢地备课。学生做到自我反思，初步矫正，发现问题及原因，找出差距。	自我诊断反思，分析得失进退，找到错误原因，及时自我矫正。

续表

步骤(时间)	教学活动及层次	活动设计意图	评价活动设计
课前环节	二、师生交流，个别面讲 批改试卷时，对于个别同学出现的基础性知识错误做上标记，利用晚自习单独发放试卷，对有标记的学生单独面讲，学生当面纠错，做到对基础错误印象深刻。	师生单独交流，便于深入了解学生解题困难，疏导部分学生考试心态等，同时针对基础性错误单独面讲。	主动与老师交流反馈，做到基础性错误当场解决。
	三、生生互助，交流合作 在晚自习发完试卷后，对于错误率在20%左右的一般性错误，由教师引导，进行小组内部合作交流，生生互助解决疑难。	引导学生对一般性错误进行小组内部生生交流，相互讲解，提高试卷讲评质量。	学生组内积极讨论，交流各自的方法，解决疑难，形成解题策略。
课中环节	一、整体反馈，明确方向 1.成绩分析 | 分数段	实际人数	期望人数
---	---	---
90~100	0	6
80~89	13	15
70~79	12	15
60~69	8	4
0~59	7	0 | 最高分：89（期望值：100） 平均分：68.6（期望值：75） 及格率：80%（期望值：100%） 分析成绩有显著进步的学生情况。	1.公布班级整体的成绩情况，了解整体的发展，鼓励孩子们在数学学习里找到信心，激发他们学习数学的兴趣。	1.学生了解班级整体成绩情况，分析自己考试得失，以便调整后续学习方法和目标。

续表

步骤(时间)	教学活动及层次	活动设计意图	评价活动设计
课中环节	2.考点分析 | 题号	考点	得分率
---	---	---
1	内错角的识别	95%
2	点到直线距离的识别	72.50%
3	平行线的判定	50%
4	平行的传递性	65%
5	几何作图的语言描述	68%
6	角的综合计算	95%
7	平行线性质的应用	90%
8	垂线段的应用	80%
9	余角、补角的定义	77.50%
10	平行线性质的应用	75%
11	平行线判定和性质的综合应用	95%
12	平行线性质与角平分线的综合应用	87.50%
13	平行线性质的综合应用	80%
14	平行线性质与方位角的综合应用	75%
15	平行线性质的应用	27.50%
16	尺规作图作角等	50%
17	平行线判定和性质的综合应用	52.50%
18	尺规作图+平行线判定的综合应用	47.50%
19	平行线判定和性质的综合应用	36% | 二、归类释疑，变练过关 类型一：平行线的判定 下列图形中，能由∠1=∠2得到AB∥CD的是（　　）。 A　B　C　D	2.梳理整个试卷的考点和得分率，让学生从整体上精确地掌握本章的知识点，找到自己的重心。 3.展示试卷中出现的典型错误，分析错误原因，帮助学生建立深刻认知，指导学生透过表面现象认识本质。通过总结一道题或一类题的知识点、思想方法、解题策略，不断优化思考方法和思考路径，构建知识体系。	2.找准错因、及时纠正，回顾相关知识。同时通过变式进一步巩固知识、熟练应用，形成正确解题策略。

续表

步骤(时间)	教学活动及层次	活动设计意图	评价活动设计
课中环节	分析:由角的数量关系判定两直线平行。 结论:平行线的判定方法 ①同位角相等,两直线平行; ②内错角相等,两直线平行; ③同旁内角互补,两直线平行; ④平行的传递性。 策略:描角边—定三线—看类型 变式:如图,下列说法中,正确的是(　　)。 A.若∠3=∠8,则AB//CD B.若∠1=∠5,则AB//CD C.若∠DAB+∠ABC=180°,则AB//CD D.若∠2=∠6,则AB//CD 类型二:平行线的性质应用 已知∠1的两边与∠2的两边分别平行,且∠1比∠2的3倍少40°,则∠2的度数是_____。 分析:无图,要画图,怎么画? 策略:1.有图有真相,无图多情况; 2.定1变2。 结论:1.平行线性质 ①两直线平行,同位角相等; ②两直线平行,内错角相等; ③两直线平行,同旁内角互补。 2.两边分别平行的两个角,相等或互补。 思想:分类讨论、方程思想。	4.帮助学生分析无图几何问题的解决思路,培养学生思维的严谨性。	

续表

步骤(时间)	教学活动及层次	活动设计意图	评价活动设计
课中环节	变式：已知∠A和∠B的两边分别垂直，且∠A比∠B的3倍少60°，则∠A=_____。 类型三：平行线性质和判定的综合应用 如图，AB∥CD，BE平分∠ABD交CD于点E，过点E作EF⊥BE交AB于点F 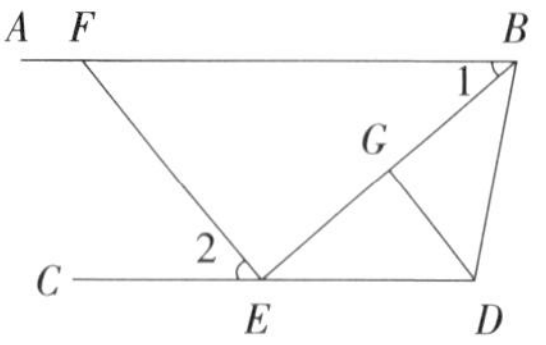 (1)若∠1=40°，求∠2的度数； (2)过点D作DG平分∠BDC交BE于点G，证明：EF∥DG。 分析： 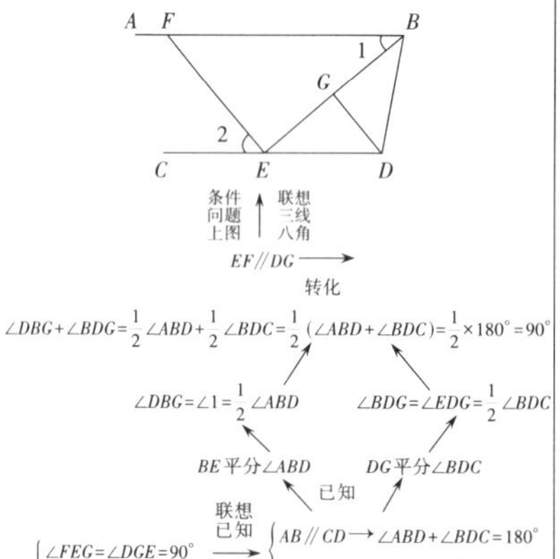 策略：几何问题的解决的"四六步骤"。 结论：平行线中一组同旁内角的角平分线相互垂直。 思想：转化思想。	5.展示学生试卷中出现的典型问题，带领学生应用"四六步骤法"正确分析几何综合题，培养学生进行有条理的表达的能力，逐步培养学生几何语言的规范表达。	

续表

步骤(时间)	教学活动及层次	活动设计意图	评价活动设计
课中环节	三、总结反思，悟中求进 在知识上我有哪些收获？ 在能力上我有哪些提高？学会了哪些方法？ 还有哪些需要交流的地方？	6.总结解题的规律、方法、技巧，使所学知识更加完整，构建知识体系。	3.利用思维惯性，学生自己进行消化、反思、巩固，深度领悟数学本质，形成数学能力。
	四、当堂检测，评价促学 1.如图1，下列条件中，能判断直线 AE//CF 的是（　　）。 A.∠1=∠3　　B.∠2=∠3 C.∠1+∠2=180°　D.∠2+∠4=180° 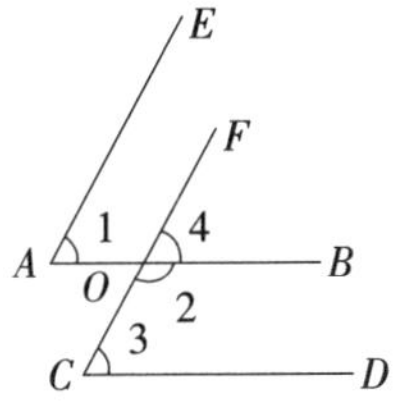 图1 2.如图2，AB//CD，BE平分∠ABD交CD于点E，过点E作EF⊥BE交AB于点F。G在直线CD上，过点D作DM平分∠BDG，直线DM交直线EF于点H，证明：FH⊥MH。 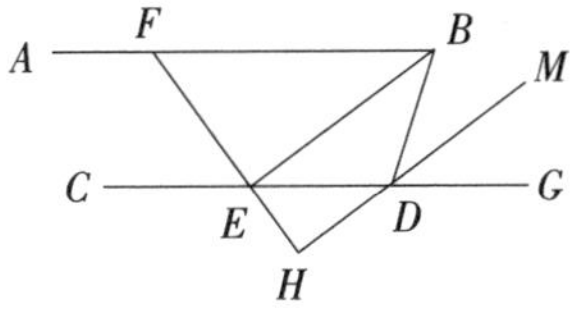 图2	针对学生暴露出的具有代表性的共性问题，再精心设计一些有针对性的变式练习，给学生提供多次检测的机会，也促使学生在订正原卷时能追根问底，提高订正效率。	独立思考，书写解答过程。

续表

步骤(时间)	教学活动及层次	活动设计意图	评价活动设计
课后环节	一、跟踪巩固,发展提高 布置有针对性、个性化的巩固作业进行拓展与延伸,帮助学生巩固知识,提高能力。 1.基础性作业 引导学生做好试题的订正和分析整理工作(建议学生用黑笔书写、蓝笔订正、红笔批改,建立试卷错题集)。 2.差异化作业 (1)在同一平面内,若∠A与∠B的两边分别垂直,且∠A比∠B的3倍少$40°$,求∠B的度数。 (2)如图,已知∠1+∠2=180°,∠A=∠C,DA平分∠BDF,试说明:BC平分∠DBE。 （图：四边形ABCD，延长线上标有E、F，∠1在B处，∠2在D处）	布置有针对性、个性化的巩固作业进行拓展与延伸,帮助学生巩固知识,提高能力。	有错必纠,及时整理,随时记录。独立完成适合自己的个性化作业,自我检测和评价掌握情况。
	二、个别辅导,体验成功 针对部分学生存在的没有完全理解的问题,利用课后、晚自习时间对这部分学生单独辅导,也可以是对考试后学生心理状态方面的疏导和激励。	经过讲评课后,学生仍有疑惑或难以掌握的问题,需要教师课后单独交流辅导,寻找深层次的原因,帮助学生解决困惑。	正视自己的问题和错误,积极与老师交流沟通,及时解决每一次疑难。

七、板书设计

```
第二章试卷讲评

知识：
1.平行线的判定
2.平行线的性质
                ┌ 条件问题上图
                │ 问题联想转化 ┌ 条件 → 结论
策略："四六步骤"│              │
                │ 选择思路试解 └ 结论 → 条件
                └ 梳理解答思路

思想：分类、方程
```

八、作业与拓展学习活动设计

1.基础性作业

让学生做好试题的订正和分析整理工作（建议学生用黑笔书写、蓝笔订正、红笔批改，建立试卷错题集）。

2.差异化作业

（1）在同一平面内，若∠A与∠B的两边分别垂直，且∠A比∠B的3倍少40°，求∠B的度数。

（2）如图，已知∠1+∠2=180°，∠A=∠C，DA平分∠BDF，试说明：BC平分∠DBE。

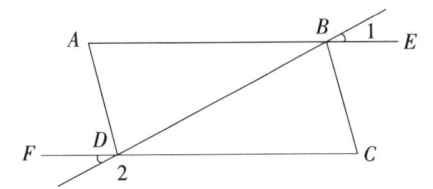

九、教学资源与技术手段说明

（1）智学网教学平台：完成前期试卷扫描、阅卷、数据分析等工作。

（2）几何画板：更好地帮助学生分析几何问题。

（3）幻灯片：制作教学课件，呈现学生问题。

十、教学反思与改进

试卷讲评课，要从学生的实际情况出发，基于数据分析，精心设计、合理安排。在课中要充分发挥学生的能动性，重视知识整理和系统构建，引发学生深度思考，促进深度学习，提升数学思维品质。课后，还要不断给学生"供氧"和"补充"，真正提高效率，最终从形式走向实效。

北师大版七年级下册三角形相关基本图形的应用作业讲评教学设计

一、教学内容分析

1. 基于课标

三角形是最简单的多边形,在生产实践、科学研究和社会生活中随处可见,它不仅是研究其他多边形的基础,在解决实际问题中也有着广泛的应用,因此,探索和掌握它的基本性质对于更好地认识现实世界、发展空间观念和推理能力都是非常重要的。

本章的数学课标要求如下:

(1)理解三角形及其内角、外角、中线、高线、角平分线等概念,了解三角形的稳定性。

(2)探索并证明三角形的内角和定理。

(3)证明三角形的任意两边之和大于第三边。

(4)理解全等三角形的概念,能识别全等三角形中的对应边、对应角。

(5)掌握基本事实:两边及其夹角分别相等的两个三角形全等。

(6)掌握基本事实:两角及其夹边分别相等的两个三角形全等。

(7)掌握基本事实:三边分别相等的两个三角形全等。

(8)证明定理:两角分别相等且其中一组等角的对边相等的两个三角形全等。

(9)理解直角三角形的概念,探索并掌握直角三角形的性质定理:直角三角形的两个锐角互余。

基于数学课标的要求、学生的基础和本书的总体设计,本章设计的总体思路是:在生动的问题情境和丰富的数学活动中,理解三角形的有关概念;在动手、动脑的数学活动过程中,探索三角形全等的条件,感悟数学的分类思想;以直观认识为基础,借助三角形的有关结论解决些简单的实际问题。在内容的呈现方式上,综合考虑学生年龄状况、认知特点,以及出于培养几何直观、数学推理能力的需要,教科书在为学生呈现生动有趣的问题情境的同时,设计了测量、拼图、折纸等多种形式的活动,为学生提供了观察、操作、推理、交流的平台,给学生充分实践和探索的空间,目的是使学生通过自己的探索和与同伴的交流发现三角形的有关结论,解决一些实际问题,为学生空间观念的发展、数学活动经验的积累、个性的发展提供机会的同时,让生动有趣的三角形应用的例子贯穿于整章内容中。

2.基于教材

本节是北师大版七年级下册第四章"三角形"第一节"认识三角形"四个课时的学习后,对作业存在的典型问题的一次综合讲解。"认识三角形"四个课时分别涉及了三角形的角、边、重要线段等,知识点繁多,难度较大,对后面三角形、四边形的学习至关重要,而学生通过作业反映出对本节内容掌握不扎实,应用不熟练、不灵活的问题,因此本节课将通过讲评作业继续巩固三角形中角度、特殊线段问题,同时通过分析基本图形、提炼方法,形成对三角形这一类基本图形的认识、熟练和应用。因此本节课"三角形相关基本图形的应用"作业讲评是认识三角形相关知识的巩固和延伸,核心是数形结合、转化思想的进一步渗透,角的数量关系推导,进一步发展学生的合情推理能力和演绎推理能力。

二、学习者情况分析

学生已经经历了认识三角形等相关知识的学习,已经具备了利用三角形基本性质进行计算、证明的能力,能进行简单的角度求解。

从作业反馈来看,学生对复杂图形中角的数量关系的知识点存在一定畏难情绪,不知道如何将复杂图形简单化,从侧面反映出学生对三角形有关角的数量关系掌握不牢固,同时,对几何题解答的一般步骤(四六步骤)有一定欠缺。几何书写还需进一步加强规范。

三、教学目标设定

基于以上要求和学情,本节课的教学目标为:

(1)进一步巩固三角形的边、角、特殊线段的相关知识。

(2)会利用三角形内角和定理、三角形外角定理推导三角形中基本图形的角的数量关系。

(3)能灵活应用三角形中基本图形的角的数量关系解决问题,体会数形结合、转化思想,提高逻辑推理能力。

四、教学重难点

(1)教学重点:灵活运用三角形的边、角相关知识推导基本图形中角的数量关系。

(2)教学难点:三角形相关基本图形中角的数量关系转化。

五、评价设计

课堂参与度评价:认真听讲、积极参与思考和交流讨论、大方展示且有条理。

课堂完成度评价:5分钟独立完成当堂测评,合格率80%。

课后巩固度评价:(1)全体学生完成试卷纠错和笔记整理,梳理解题策略和思想方法,反思考试得失,20分钟完成;(2)部分同学再继续有针对性地完成课后巩固练习,20分钟完成。

六、教学活动

步骤(时间)	教学活动及层次	活动设计意图	评价活动设计
课前环节	一、问题收集,自我纠错 1.教师整理学生典型问题,做好登记,梳理讲评主线,做好教学设计。 具体做法:		

续表

步骤(时间)	教学活动及层次	活动设计意图	评价活动设计
课前环节	通过批改作业发现，练习册第三题，第四题第二小问，第五题第三小问出现问题较多，大部分同学碰到复杂图形无从下笔，不知道如何识别基本图案，如何找到角之间的数量关系并求解；还有一部分学生出现一定的空题现象。 2.学生在课间拿到作业后第一时间翻看自己作业的问题，独立找出部分题目错因，并用红笔纠错。对于不会独立纠错的题目，在时间允许的条件下与小组同学或老师交流。 具体做法： ①成绩较好的同学，经过老师的讲解（讲解方法、过程），能够自主纠错，明确错因，及时更正。 ②成绩较好的同学在及时更正错误后，通过与同学交流，帮助其他中等生完成部分题目订正，"以优带中"的做法既能促进同学之间关系，也能"减轻"教师负担，提高作业讲评效率； ③简单题目由老师对部分学生进行专门讲解，这类题目不会在课堂中统一讲解，因此讲评作业前进行单独讲解，重点关注学生对基本知识的理解，格式书写的规范性。	1.问题的收集能够有效了解班级整体情况，关注高频错点，提高讲评课的效率，做到真正意义上的提质增效。 2.自我纠错是学生进行自我评价的重要环节，在这一过程中，学生既能够再次"认识"题目、题型，积累数学活动经验，又能提高自我纠错能力。	1.让学生第一时间翻看批改情况，并纠正能独立纠错的题目。 2.生生互助，在讲评作业前完成部分题型订正，并交老师进行二次批改。
	二、师生交流，个别面讲 批改作业时，对于个别同学出现的基础性知识错误做上标记，做好登记，利用课间对有标记的学生单独面讲，学生当面纠错，做到对基础错误印象深刻。		

续表

步骤(时间)	教学活动及层次	活动设计意图	评价活动设计
课前环节	具体做法： ①通过作业批改，发现几位同学过程过于简单，省略步骤直接得到答案；因此主动找到这几位同学，要求这几位同学当面分析解题思路，并补充完整解题过程。从中发现几位学生思维能力较强，但不够严谨，导致思路不清晰，进而不能有效书写解题过程，在经过具体方法、步骤的讲解后，这几位学生能够主动完成作业自主订正。 ②几位同学出现基础性知识错误，如：标角，角度化简符号问题；在经过当面讲解后，能够及时订正，当场解决问题。 三、生生互助，交流合作 每天完成新作业前先对前一天的作业中的一般性错误进行小组内部生生交流。对于错误率在20%左右的一般性错误，进行个人自纠或小组内部合作交流，生生互助解决疑难。 具体做法： ①各小组组长检查作业，并关注小组中组员的基础性错误订正情况，汇总后向老师反馈整体情况。从反馈情况中发现，作业中难题部分解决情况不佳，生生互助过程中讲解不够细致，导致部分学生不能有效进行订正。 ②统计完成情况较好的小组。	师生交流，个别面讲能够及时订正问题，帮助学生进行自我反思，同时促进师生关系。 交流合作能够提高班级凝聚力，促进班集体学习积极性，构建浓厚的学习氛围。	1.与老师积极交流反馈，基础性错误当场解决。 2.提前将错题摘录至错题本，并重新做一遍，巩固加深。 学生组内讨论，交流各自的方法；生生互助，解决疑难。

续表

步骤(时间)	教学活动及层次	活动设计意图	评价活动设计
课中环节	一、整体反馈,明确方向 用幻灯片展示班级学生作业情况。 1.亮点:大部分同学完成较好,思维灵敏,一题"多解",计算角度时方程思想应用到位。 2.不足:细节问题——标角、格式的书写。 3.提出主要问题讲解:66页第三题、第四题第二问、67页第五题第三问;	1.整体反馈作业情况,有利于集中分析班级整体情况;展示优秀作业,能有效激发学生学习兴趣,向优秀学生看齐。	1.了解班级整体情况,分析得失,调整后续学习方法和目标。
	二、归类释疑,交流提炼 1.复习回顾三角形内角和定理。 2.将橡皮筋用三根手指撑出一个三角形 ABC,在 BC 边上有一点 P,拉动点 P,可以出现哪些基本图形?请你试一试,并在练习本上画出这些基本图形。 结论: 基本图案一:　　　　基本图案二: 结论1: $\angle BPC + \angle C = \angle A + \angle B$ 结论2: $\angle BPC = \angle A + \angle B$	2.跟随老师的问题,回忆三角形内角和定理,并在独立思考后与小组同学交流讨论,进而得到拉动橡皮筋后的基本图案角的数量关系,形成数学活动的经验,并归纳数学结论。	2.复习旧知。学生"大胆"拉动橡皮筋,观察所形成的图案,并逐一归纳总结基本图案中角的数量关系。

续表

步骤(时间)	教学活动及层次	活动设计意图	评价活动设计
课中环节	基本图案三： 基本图案四： （图：四边形ABPC，P在内部） （图：△ABC，P在内部） 结论3：$\angle BPC + \angle A + \angle B + \angle C = 360°$ 结论4：$\angle BPC = \angle A + \angle B + \angle C$ 3.作业讲评 类型一：四边形+"内四边形" 已知：AM平分∠DAB，CM平分∠DCB，探究∠AMC、∠B、∠D之间的数量关系。 （图：四边形ABCD，M为内部点） 分析： (1)审题：勾画出题目中的关键信息，条件、问题如上图。 (2)如何得到∠AMC、∠D、∠B的关系？ (3)这三个角与哪些基本图案有关？ (4)找出基本图案中角的数量关系。 (5)反思：①解决本题的策略是什么？②解题过程中运用了哪些数学思想方法？ 小结： 解决策略：识别基本图形，找出等量关系。 数学思想：方程思想、整体思想、转化思想。	3.学生独立画出基本图案，小组讨论列出角的数量关系。 4.在分析完基本图案后，再重新思考作业中的几个问题，尝试将复杂的几何图形拆分为基本图案，并应用基本图案中的数量关系解决问题，这样可以帮助学生降低解题难度，分解几何问题。	3.学生自主独立思考后进行小组交流讨论，分析基本图形中的角度数量关系，并能有条理地表达数量关系的推导过程。 4.分析综合图中包含的基本图形，思考角度之间的转化。

续表

步骤(时间)	教学活动及层次	活动设计意图	评价活动设计
课中环节	类型二：双"内"四边形 已知：DC 平分 $\angle ADB$，EC 平分 $\angle AEB$，$\angle A=40°$，$\angle DBE=130°$，求 $\angle DCE$ 的度数。 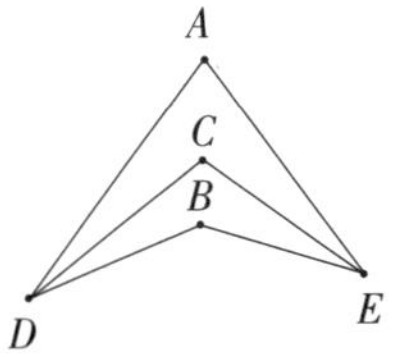 分析： (1)找出图中的基本图案，并列出角的数量关系； (2)板书示范推导过程； (3)小组交流：还有其他方法解决这道题吗？(其他基本图案) 类型三："内四边形"+"八字"型 已知：AQ 平分 $\angle BAD$，CQ 平分 $\angle BCD$，求 $\angle AQC$，$\angle ABC$，$\angle ADC$ 之间的数量关系。 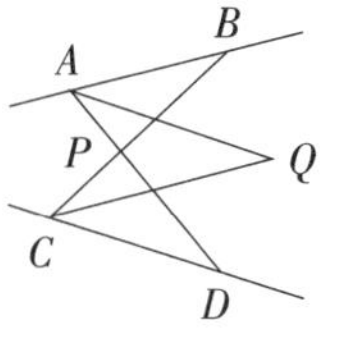 分析： (1)找出图中的基本图案，并列出角的数量关系； (2)板书示范推导过程； (3)小组交流：还有其他方法解决这道题吗？(其他基本图案)		

续表

步骤(时间)	教学活动及层次	活动设计意图	评价活动设计
课中环节	三、巩固拓展，形成能力 如图，求 $\angle CAD + \angle DBE + \angle C + \angle D + \angle E = ?$	通过例题，进一步巩固本节课所学数学知识，熟练思想方法。	在老师示范后，独立思考，并在课堂练习本上完成例题。注意基本图形识别的准确性和书写的规范性。
	四、总结反思，悟中求进 1. 探究基本图案角的数量关系，核心是什么？ 从最基本的几何图形：三角形入手，利用三角形内角和定理和外角定理加以证明。 2. 策略：识别基本图形，找出等量关系。 3. 数学思想：方程思想，整体代入思想。 说明：本环节展现学生学习的主体地位，从他们已有的知识结构出发，通过观察、操作、归纳总结等活动，来探究新知，小结中更要体现这一点，教师只是起适时的点拨作用。	教师予以鼓励，激发学生的学习兴趣与自信心，特别是角的数量关系的推导方式，更是学数学应掌握的必要方法。	学生畅谈自己学习所得：本节课所学习的数学知识、方法、易错点与个人切身体会等，同时进一步思考后续学习方向。

续表

步骤(时间)	教学活动及层次	活动设计意图	评价活动设计
课后环节	一、跟踪巩固,发展提高 布置有针对性、个性化的巩固作业进行拓展与延伸,帮助学生巩固知识,提高能力。 1.基础作业 让学生做好作业的订正和分析整理工作(建议学生用黑笔书写、蓝笔订正、红笔批改,建立试卷错题集)。 2.差异化作业 ①随机抽查学生进行二次讲解。 ②基础较好的学生完成68页第7题,并尝试利用多种方法求解。 ③其余学生完成67页第6题(难度中档)。	布置有针对性、个性化的巩固作业进行拓展与延伸,帮助学生巩固知识,提高能力。	有错必纠,及时整理,随时记录。独立完成适合自己的个性化作业,自我检测和评价掌握情况。
	二、个别辅导,体验成功 针对部分学生存在的没有讲评到的问题,利用课后、晚自习时间对这部分学生单独辅导,也可以是对考试后学生心理状态方面的疏导和激励。	经过讲评课后仍有疑惑或难以掌握的学生需要教师课后的单独交流辅导,以寻找深层次的原因,教师应帮助学生解决困惑。	正视自己的问题和错误,积极与老师交流沟通,及时解决每一次考试中的疑难。

七、板书设计

三角形相关基本图形的应用

一、基本图案及结论　　　　　　　　　二、例题

基本图案一：　　　基本图案二：

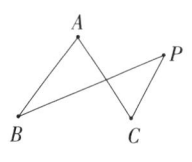

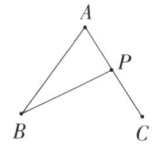

结论1：$\angle BPC + \angle C = \angle A + \angle B$

结论2：$\angle BPC = \angle A + \angle B$

基本图案三：　　　基本图案四：

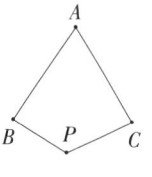

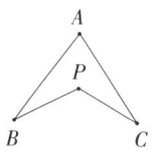

结论3：$\angle BPC + \angle A + \angle B + \angle C = 360°$

结论4：$\angle BPC = \angle A + \angle B + \angle C$

三、方法

四、数学思想

八、作业与拓展学习活动设计

1. 基础作业

让学生做好作业的订正和分析整理工作（建议学生用黑笔书写、蓝笔订正、红笔批改，建立试卷错题集）。

2.差异化作业

(1)随机抽查学生进行二次讲解。

(2)基础较好的学生完成课本68页第7题,并尝试利用多种方法求解。

(3)其余学生完成课本67页第6题(难度中档)。

九、教学资源与技术手段说明

(1)几何画板:更好地帮助学生分析几何问题。

(2)幻灯片:制作教学课件,呈现学生问题。

十、教学反思与改进

(1)本节课难点在于基本图形中角的数量关系转换,引导过程中应该更侧重于关注学生推导角的转化过程。

(2)课堂小结部分,应鼓励学生自主发言,畅谈本节课所学内容,老师再予以总结。

(3)小组交流活动时间不足,要注重以学生为主体的课堂教学活动开展。

基于深度学习的初中数学复习课范式的探索与实践

一、复习课的界定

复习课注重的是知识线索的归纳与梳理,形成知识链,建构知识体系,给学生以系统的知识脉络。可以这么讲,由于初中数学教学的特殊性,复习在所有教学时间里占据了很大的比重。综观现阶段的初中数学教学,不少教师采取重新串讲的方法来进行复习。这样不仅趣味性不够,学生也没有完全参与到课堂活动中来。他们的创新精神、实践能力没有得到充分培养,教学往往陷入拼时间、拼消耗、低效率中,老师教得累,学生学得苦。这不符合当今教育的要求。新修订的数学课标强调育人为本,要培养"有理想、有本领、有担当"的时代新人,确定了以培养核心素养为导向的学习目标,指出数学课程要体现数学教育观念,要突破学科中心,引导学生改革学习方式,加强评价改革的指导,要拓展课程实施的空间。我们的深度学习最核心目的就是让学生在解决问题的时候,能够在自己的浅层学习经验的基础上,进行自主思考、分析与探究,将已经掌握的数学知识有效迁移到新的问题情境中,在课堂达成对知识的深度加工,做到深度理解,提升学生分析问题、解决问题的能力。

二、基于深度学习的复习课"四步直击"课堂范式解读

我们基于深度学习构建的初中数学复习课"四步直击"教学范式是将相对独立存在的知识进行串联，在相关知识点之间架起沟通的桥梁，使学生知识系统化，提高他们学习和运用知识的条理性；同时让学生将知识进行系统化存储，记忆下来。

1.课堂总体架构

复习课"四步直击"范式

❶回顾梳理——直击知识体系建构（觉知、调和）

❷展示提升——直击方案生成优化、思维迁移策略（调和、迁移、归纳）

❸感悟收获——直击知识方法错点、思维迁移策略（归纳）

❹评价反馈——直击达标过手（迁移）

2.课堂环节解读

（1）回顾梳理——直击知识体系建构（觉知、调和）

【操作策略】

内容：用思维导图的形式梳理本节复习内容所涉及的知识。

教师活动：

用提问的方式让学生回顾本章节内容，展示学生绘制的思维导图，用思维导图的形式帮助学生梳理本章节所涉及的知识点，并进行必要的补充完善。

学生活动：

课前独立完成本章的知识梳理。独立思考、回顾复习。

目的：在梳理的过程中帮助学生构建知识的前后体系。

（2）展示提升——直击方案生成优化、思维迁移策略（调和、迁移、归纳）

内容：结合各个层次学生对数学学习的需求，精选与复习知识点、考点统一的典型例题、变式练习。

教师活动：

①学生分享解题思路，教师梳理并板书完整过程，做好示范。

②学生分享不同解法后，教师注重对学生进行思维策略的有效引导，在一题多解中要引导学生反思如何选择最优方案。

③对难度较大的题目可以采用同桌互学、小组交流、师生共研等方式解决。

学生活动：

①学生先独立思考，再分享思路。

②学生先独立思考，再与同桌互学或小组讨论、分享不同解法，以小组为单位展示成果。

③师生共同分析，教师领学，学生整理解题思路，独立完成后展示完整书写过程。

目的：在练习的过程中采用独学、对学、群学的方式，让学生成为学习的主体，关注学生的个体化学习，注重学生思维策略的养成和解答方案的生成，引导学生思考如何使自己的解法最优。帮助学生复习巩固旧知，提升能力。在此环节要充分调动学生的积极性，给他们展示的舞台，培养他们的学习自信，激发学习热情。

(3)感悟收获——直击知识方法错点、思维迁移策略(归纳)

内容：从知识、数学思想、方法、易错点四个方面梳理总结本课收获；全面回顾本课知识及方法。

教师活动：

①了解学生本节课的收获。

②展示学生用思维导图梳理总结的成果。

③对学生的总结进行补充、完善、提炼、升华。

学生活动：

①举手回答本节课收获。

②用思维导图独立梳理总结本节课收获并展示。

目的：在升华的过程中帮助学生构建知识的前后体系，提炼出数学思想方法，积累解决数学问题的方法、经验。

(4)评价反馈——直击达标过手(迁移)

课堂评价：

内容：与本节复习课知识点匹配的，比例题稍微简单点的3—4个评价题，评价题目要体现本课的核心知识点，题目层次要把握适度，主要用于诊断学生的迁移能力是否达成。

教师活动：

①教师单独批阅小组中部分先完成学生的练习题，再由他们批阅组内其他人的，最后由同学们自我纠错或组内互助纠错。教师或解答正确的同学针对典型错题进行集中讲解。

②展示答案，全班集体订正，统计完成情况，自我纠错或组内互助纠错。教师或解答正确的同学针对典型错题进行集中讲解。

③学生独立订正后组内交换批阅，并进行自我纠错或组内互助纠错。教师加入小组活动。

学生活动：学生独立完成，批改后自我纠错或组内互助纠错。

目的：通过统计数据评价学生的掌握情况，做错练习题的学生能通过各种方式及时纠错并分类分析错因，达成对课堂学习的有效补救。

课后评价：

内容：设计课后练习，要根据学生的学情，分层布置有针对性、个性化的巩固练习进行拓展和延伸，以帮助学生巩固知识，提升能力。

教师活动：

①全批全改，个别学生当面批改。

②对个别学生单独辅导，让他体验解题成功的过程，激发学习热情。

学生活动：

①课后独立完成。

②及时纠错。

目的：教师根据学生实际情况布置分层作业，培养学生的数学思考能力和习惯。发展学生的个性，实现"不同的人在数学上得到不同的发展"。教师根据学生作业完成情况的反馈，了解学生的学习情况，指导教学。

下篇

英语教学范式

教研组概况

一、教研组整体情况

我校初中英语教研组共有成员约50名,其中市级骨干教师3名,区级骨干教师6人,区级成长型骨干教师1名,南岸区初中英语种子工作坊成员4人。初中英语教研组教师队伍整体趋于年轻化,目前是全校人数最多的教研组。秉承团结、进取、踏实、创新的工作理念,我校初中英语教师深化深度学习课堂教学改革,认真研读《义务教育英语课程标准(2022年版)》(简称为"英语课标"),更新教育教学理念,基于英语课标的指导思想深挖教材,勇于创新,努力提高英语课标实施的实际效果,提高课堂教学效率,提升全体教师的试题研究能力和命题能力,全面提高教学质量并凸显外语特色。

我校初中英语教研组多次承担区级教研活动,多次举办基于"主题—联结"的深度学习课堂教学改革教研活动。在去年我校开展的"思维提升·评价促学"区级初中英语深度学习研讨活动中,我教研组开展了基于深度学习的听说课的同课异构探索。以教学问题研讨、课例点评、教学策略优化等形式进行专业引领,体现了我校初中英语教师对英语课标的理解与实践,也展示了深度学习课改项目的研究成果,对区域课改起到了很好的示范和引领作用。

在日常教学中，老师们坚定地走在课改道路上，积极践行基于"主题—联结"深度学习课堂教学改革，主要体现在对学生核心素养的培养上，坚持学思结合、用创为本的英语活动观，评价紧紧围绕教学目标和活动意图展开，坚持"教—学—评"一体化实施的理念，从而实现我校英语课程的育人价值，也同时推动区域初中英语课堂教学向高质量发展。课改几年来，老师们的教学取得了长足的进步，也收获了许多成绩。每年都有教师在"一师一优课"和"基础教育精品课程"中获市级和国家级奖，在各级期刊和杂志上发表论文若干，也有老师积极参与课题研究，走在课改的前端。在参加南岸区教委和进修学院组织的各项赛训活动中，老师们也成绩显著，获奖若干。在2022年南岸区初中优质课大赛中，我校初中英语教师全员参加，获得南岸区初中英语"优秀组织奖"。老师们也分别获得单元整体设计一、二等奖。在2022年南岸区优质课大赛中，我校参加现场赛课的罗佳琳老师获特等奖，并代表南岸区参加2023年重庆市优质课大赛，荣获一等奖。学生方面，我校每年都有近百名学生在全国中学生英语能力测评（NEPTS）中，成绩优异，获国家级、市级奖项若干。每年，我校初中英语组也有很多同学参加"世界青少年模拟联合国大会高级别会议"，表现突出，成绩优异。

二、教研组教育教学获奖及教科研成果

表1 教研组教育教学获奖情况

获奖人	获奖名称	奖项等级	颁奖单位
余林秒	2018年南岸区"风华杯"赛训活动	区级特等奖	重庆市南岸区教育委员会
余林秒	2019年"一师一优课、一课一名师"	部级优课	中央电化教育馆
余林秒	2020年"基于单元主题意义探究的整体教学设计"教学基本功比赛评课	区级一等奖	南岸区教师进修学院
余林秒	2022年初中英语优质课"基于主题意义探究的单元整体规划"设计大赛	区级一等奖	南岸区教师进修学院
余林秒	2023年原创命题——"期末或期中质量监测原创命题"	区级一等奖	南岸区教师进修学院
余林秒	2023年论文《初中英语深度学习Dlearning听说课范式初探》参加重庆市教育学会第一届论文评比活动	市级一等奖	重庆市教育学会中学外语教学专业委员会
余林秒	2023年论著《核心素养体系下的初中英语教学研究》参加重庆市第八届优秀基础教育著述评选	市级一等奖	重庆市教育学会
陈春芹	2020年参加南岸区第二届课程创新师生作品大赛教师作品教学设计活动	区级一等奖	南岸区教师进修学院
陈春芹	2021年参加南岸区第三届课程创新师生作品大赛教师作品教学设计活动	区级二等奖	南岸区教师进修学院
陈春芹	2021年参加南岸区第三届基础教育教学创新成果活动	区级特等奖	南岸区教师进修学院

续表

获奖人	获奖名称	奖项等级	颁奖单位
陈春芹	2022年参加重庆市教学成果活动	市级三等奖	重庆市教育学会
陈春芹	2022年参加南岸区初中英语优质课"基于主题意义探究的单元整体规划"设计大赛活动	区级一等奖	南岸区教师进修学院
陈春芹	2023年参加南岸区原创命题大赛活动	区级二等奖	南岸区教师进修学院
杨珠	2020年参加南岸区初中英语"基于单元主题意义探究的整体教学设计"教学基本功比赛活动	区级三等奖	南岸区教师进修学院
杨珠	2022年参加南岸区初中优质课"基于主题意义探究的单元整体规划"设计大赛活动	区级一等奖	南岸区教师进修学院
杨珠	2023年参加南岸区原创命题大赛活动	区级三等奖	南岸区教师进修学院
罗佳琳	2022年参加南岸区初中英语优质课"基于主题意义探究的单元整体规划"设计大赛活动	区级一等奖	南岸区教师进修学院
罗佳琳	2022年参加南岸区初中英语优质课大赛现场课比赛活动	区级特等奖	南岸区教师进修学院
罗佳琳	2023年参加重庆市初中英语优质课大赛现场课比赛活动	市级一等奖	重庆市教育科学研究院
吴垚	2018年参加重庆市教育学会外语教学专业委员会第十四次论文评选活动	市级三等奖	重庆市教育学会外语教学专业委员会
吴垚	2022年参加南岸区初中英语优质课"基于主体意义探究的单元整体规划"设计大赛	区级二等奖	南岸区教师进修学院

续表

获奖人	获奖名称	奖项等级	颁奖单位
吴垚	2018年指导学生参加中国日报社"21世纪·赛学杯"中学生英语写作大赛全国总决赛	全国三等奖	中国日报社"21世纪·赛学杯"组委会
吴垚	2018年指导学生参加"希望之星"英语风采大赛	市级二等奖	"希望之星"英语风采大赛重庆组委会
吴垚	2022年指导学生参加全国中学生英语能力竞赛	市级二等奖	全国中学生英语能力测评组织委员会
吴海燕	2020年获"全国优秀指导教师"	全国三等奖	国际英语外语教师协会、中国英语外语教师协会、中国人生科学学会语言教育专业委员会
吴海燕	2021年获"全国优秀指导教师"	全国二等奖	国际英语外语教师协会、中国英语外语教师协会、中国人生科学学会语言教育专业委员会
吴海燕	"九年级上册unit 2"作业设计参加2023年南岸区"单元整体作业设计"评选活动	区级二等奖	南岸区教师进修学院
吴海燕	2022年参加南岸区初中英语优质课"基于主体意义探究的单元整体规划"团队设计大赛	区级三等奖	南岸区教师进修学院
王小林	"九年级上册unit 2"作业设计参加2023年南岸区"单元整体作业设计"评选活动	区级二等奖	南岸区教师进修学院

续表

获奖人	获奖名称	奖项等级	颁奖单位
蒋雨池、陈春芹、余林秒、刘小冬、王小林等若干教师	2018–2022年全国中学生能力大赛 全国优秀指导教师	全国一等奖	国家基础教育实践中心外语教育研究中心
王小林、黄婷等若干教师	2018年全国英语"希望之星"英语风采大赛 全国优秀指导教师	全国三等奖、市级特等奖	英语"希望之星"英语风采大赛全国组委会
王小林	2021年指导学生参加"我的冬奥梦"冬奥小记者比赛	市级特等奖	"我的冬奥梦"冬奥小记者 重庆市组委会
王小林	2019年指导学生参加第十七届中国日报社"21世纪·VIPKID杯"中学生英语演讲大赛	市级优秀奖	21世纪英文报全国组委会
邓诗文	2022年参加南岸区初中英语优质课"基于主体意义探究的单元整体规划"设计大赛	区级二等奖	南岸区教师进修学院
杨莹	2022年南岸区初中英语优质课单元整体规划设计大赛	区级三等奖	南岸区教师进修学院
黄婷	2020年南岸区基本功大赛单元整体教学设计	区级特等奖	南岸区教师进修学院
黄婷	2021年基础教育精品课	市级精品课	重庆市教育委员会
黄婷	2022年南岸区初中英语优质课单元整体规划设计大赛	区级二等奖	南岸区教师进修学院
黄婷	2023年南岸区原创命题比赛	区级一等奖	南岸区教师进修学院
黄婷	2018年第十四届全市基础教育课程改革征文大赛	市级三等奖	重庆市教育科学研究院
张娜	2019年指导学生参加第十七届中国日报社"21世纪·VIPKID杯"中学生英语演讲大会	市级一等奖 全国二等奖	21世纪英文报全国组委会

续表

获奖人	获奖名称	奖项等级	颁奖单位
张娜	2023年南岸区假期作业设计评选活动	区级三等奖	南岸区教师进修学院
蒋文义	"九年级上册unit 2"作业设计参加2023年南岸区"单元整体作业设计"评选活动	区级二等奖	南岸区教师进修学院
蒋文义	2020年单元整体教学设计团体	区级二等奖	南岸区教师进修学院
蒋文义	2020年基本功说课比赛	区级二等奖	南岸区教师进修学院
杨俊丽	2020年南岸区初中英语"基于单元主题意义探究的整体教学设计"基本功比赛	区级二等奖	南岸区教师进修学院
杨俊丽	2020年南岸区初中英语"基于单元主题意义探究的整体教学设计"基本功比赛活动，荣获南岸区团体全能	区级二等奖	南岸区教师进修学院
杨俊丽	2020年南岸区初中英语"基于单元主题意义探究的整体教学设计"活动中单元整体设计	区级三等奖	南岸区教师进修学院
李永东	精品课 Unit 6 Do you like bananas? Section B 2a—3b Self check	部级优课	教育部基础教育司
张景顺	2019年4月参加全国现场课	全国一等奖	全国前沿课堂组委会
张景顺	2020年参加南岸区初中英语优质课	区级特等奖	南岸区教师进修学院
张景顺	2018年重庆市论文评选	市级一等奖	重庆市外语教学专业委员会
张景顺	2019年重庆市论文评选	市级一等奖	重庆市外语教学专业委员会
张景顺、季小丁	2020年南岸区初中英语单元整体教学设计	区级一等奖	南岸区教师进修学院
张景顺	2021年获南岸区教学成果奖	区级特等奖	南岸区教育委员会
张景顺	2022年获模拟联合国优秀指导教师		教育部人文交流中心

表2　教研组教育教学科研及课题名单

科研(课题)成员	科研(课题)名称	等级	发表(结题)单位
杨莹	2020年参编著作《外国语学校外语特色教育实践与探索》	省级	重庆出版集团
黄婷	2019年南岸区二期课改"课堂观察"项目结项	区级	重庆市南岸区教育委员会
黄婷	2022年重庆市普通高中精品选修课程"英语故事悦读"结项	市级	重庆市教育委员会
黄婷	2020年参编著作《外国语学校外语特色教育实践与探索》	省级	重庆出版集团
黄婷	2023年编写《指向深度学习的英语单元教学解码》	省级	西南大学出版社
陈春芹、张景顺、余林秒、杨珠、黄婷	参研课题"指向深度学习的中学英语单元整体教学设计实践研究"	已结题	重庆市教育科学规划办
张景顺	论文《提升初中英语听说课有效性的策略与实践》	核心	《中小学外语教学》2019年第11期
张景顺	论文《初中英语可视化板书设计的策略与实践》	核心	《中小学英语教学与研究》2020年6期
邹红	发表论文《多元开放，营建深度学习氛围——初中英语深度学习开展的主要策略》		《学习与科普》
邹红	发表论文《基于主题意义探究的初中英语的单元整体教学设计新思路》		中国基础教育资源库

学科理论基础

一、培养学生核心素养、落实立德树人根本任务

党的十八大明确提出"把立德树人作为教育的根本任务"。党的十九大强调"落实立德树人根本任务，发展素质教育"。2018年，习近平总书记在全国教育大会上指出，"要努力构建德智体美劳全面培养的教育体系，形成更高水平的人才培养体系"，"要深化教育体制改革，健全立德树人落实机制，扭转不科学的教育评价导向……从根本上解决教育评价指挥棒问题"。要把立德树人融入思想道德教育、文化知识教育、社会实践教育各环节，贯穿基础教育、高等教育等各领域，教学体系也要围绕这个目标来设计《中国高考评价体系》。2019年，中共中央、国务院印发《关于深化教育教学改革全面提高义务教育质量的意见》，国务院办公厅下发《关于新时代推进普通高中育人方式改革的指导意见》都强调要积极探索基于情境、问题导向的互动式、启发式、探究式、体验式等课堂教学。可见，情境化、问题导向的课堂教学改革是课堂教学落实"立德树人"根本任务的重要方式。2022年，教育部颁布了义务教育课程方案和课程标准（2022年版），以坚持目标导向、坚持问题导向、坚持创新导向为原则，对义务教育阶段的课程教学提出了新的要求。对一线教师

的专业素养要求更高。教师要把立德树人的教育方针融入和贯彻到自己日常的教学中,这不仅需要一线教师有过硬的教学本领,还需要教师能在教学实践中引导学生培育和践行社会主义核心价值观,弘扬中华优秀传统文化,树立正确的历史观、民族观、国家观、文化观,为落实教育立德树人的根本任务做好保障。

2020年南岸区掀开了课程改革3.0的篇章,核心素养导向的教学改革持续深化,新时期劳动教育的强化,育人方式改革促进教育教学质量提升,是南岸区课程改革3.0的方向。我校根据国家相关政策和区域课程改革要求,结合学校教育教学的实际,提出基于"主题—联结"的深度学习课堂教学改革,其目的是让学生在情境课堂中认知问题、分析问题、解决问题。在主题教学中提升学生的思维品质,最终转变课堂的育人方式。深化基于"主题—联结"的深度学习课堂教学改革,需要我们团结进取、积极思考、细致谋划。"行胜于言",我校从2019年底开始进行基于"主题—联结"的深度学习课堂教学改革。几年来,我们在实践中前行、在前行中反思、在反思中实践。深度学习课堂模式在初中英语课堂教学中也从最开始的课改小分队全面铺开到每一位教师,老师们积极践行,让学生真正受益。

二、深度学习课堂——改变思维方式、解决真问题

深度学习课堂教学改革的四个维度即觉知、调和、归纳、迁移。觉知阶段主要解决学生基础性知识问题,其主要方法是学生对知识的识记和理解;调和和归纳阶段需要学生运用识记和理解的知识,进行共享和结构化吸收,主要体现知识的运用;迁移阶段主要是将自己形成的认知结构运用于实际的情境化问题,主要解决综合性和创新性的问题。基于

"主题—联结"的深度学习课堂教学有效解决了学生在学习中的思考力度不足的问题,在学生调和阶段,教师可以就相应的问题进行不断调和,在归纳阶段可以分组进行知识的结构和认知方法的归纳。迁移则是更好地分析思考并解决实际问题,可以有效促进学生的思维形成与发展。

《义务教育英语课程标准(2022年版)》指出,英语课程围绕核心素养,体现课程性质,反映课程理念,确立课程目标。英语学科核心素养包括学生在学习过程中逐步形成的语言能力、文化意识、思维品质和学习能力等方面。因此,教师的教学不只局限在教会学生学科知识上,还需要采用新型的"自主、合作、探究"的课堂教学模式。与传统授受式教学相比,教师需要积极探索有效的教与学的方式,实施深度教学,发展和落实培养学生英语学科核心素养的目标。指向深度学习的中学英语单元整体教学探索与实践能帮助教师更好地开展教学活动。深度学习课堂模式强调创设真实情境,使学生主动地、积极地、批判地参与具有挑战性的,围绕特定主题的学习任务链,进而掌握英语学科核心知识和思维方式,并能将所学的知识迁移到生活情境中,解决生活中的实际问题,是有意义的学习过程。

三、英语学科的深度学习——学思结合、用创为本

英语学科的深度学习是指学生主动地、积极地、批判地参与具有挑战性的,围绕特定主题的学习任务链,进而掌握英语学科核心知识和思维方式,并能将所学的知识迁移到生活情境中,解决实际问题的有意义的学习过程。教师在深度学习理念的指导下,对学生进行启发式、探究

式、体验式等教学，激发学生分析综合、归纳演绎、抽象概括、判断推理等思维的发展，创设情境让学生使用所学的语言来提升语言能力，鼓励学生通过自主、合作、探究等手段进行小组评价和自我评价，实现学生的深度学习，培养使其受益终身的学习能力。

教师在课堂上转变育人理念，践行基于"主题—联结"深度学习课堂教学改革。学生在教师引领下，基于已有知识和经验，以解决问题为目的，主动学习和运用语言知识、语言技能和学习策略，探究主题意义。学生作为意义探究的主体，借助语言，主动获取、梳理、概括和整合信息，获得基于主题的新知识结构，经过丰富的学习和实践活动，内化为个人的知识与能力；在此基础上，运用所形成的新知识、新观点和新方法，在新的语境中，创造性地解决新问题，实现从能力到素养的转化。

指向深度学习的中学英语单元整体教学探索与实践核心在于以学生为主体的"真"教学，教师要充分发挥主导作用，深入分析语篇，结合学生生活实际提炼出有育人价值的主题意义。教师整体设计单元教学目标和分课时教学目标，围绕主题意义设计学习理解、应用实践和迁移创新等多层次、关联性、实践性的活动，在探究活动中加深学生对主题意义的理解，提高他们的综合语言运用能力，提升他们的英语学科核心素养。在指向深度学习的中学英语单元整体教学探索与实践中，要注重学生的思维品质训练，通过学习让学生"参与"人类已有的社会实践，使得人类历史与学生息息相关，使学生成为能够在历史中展望未来、创造未来的社会实践主体。基于此，我们在指向深度学习的中学英语单元整体教学探索与实践中，应积极发挥学科核心素养的统领作用，以主题为引领，践行英语深度学习活动观。

培养学生学科核心素养,课堂是最主要的阵地。深度学习课堂模式课中强调创设真实情境和培养学生深度思维能力,课后学生能将所学的知识迁移到真实的生活情境中,解决实际问题。因此,深度学习课堂模式能在课堂上很好地推进落实英语学科核心素养培养,也能很好地帮助老师们落实立德树人的根本任务。

听说课范式

一、听说课范式学科理论基础

1. 克拉申（Krashen）的"输入假说"

在第二语言学习和教学中，"输入"是一个非常重要的术语。在《朗文语言教学及应用语言学辞典》中，"输入"被定义为在语言学习过程中学习者听到或接收到并能作为其学习对象的语言。埃利斯（Ellis）认为，"输入"就是语言学习者接触到的语言范例，没有一定的语言输入，语言学习就无从谈起。

克拉申的"输入假说"认为，学习者是通过不断接收"可理解性输入"来推进自己的语言学习并习得这门语言的。他将"可理解性输入"定义为"i+1"，其中"i"代表学习者当前的语言知识状态，"i+1"代表语言发展的下一阶段。提供略高于学习者当前水平的"可理解性输入"，使学习者的语言习得机制得以激活。最佳的"可理解性输入"应满足以下四个基本条件：语言输入是可理解的、语言输入是足量的、语言输入不应按语法顺序进行、输入的语言应该是有趣或相关联的。

2. 斯万（Swain）的"输出假设"

斯万提出了输出假设：尽管可理解输入对语言学习是必不可少的，

但它不是学生所需要的唯一手段。斯万认为第二语言习得仅依照可理解的语言输入不能保证学习者准确且流利地使用语言,从而达到理想的交际目的。一个成功的第二语言习得者在接触大量的可理解性输入的同时,也需要产出可理解性输出。斯万认为在某种条件下,输出可以促进第二语言的习得,其方式不同于输入,但是都可以增强输入对第二语言习得的作用。

斯万认为输出能使他们控制和内化语言知识。也就是说,学习者在语言输出中遇到问题时,他们能借助自己的已有知识对语言进行反思,从而使语言知识得到内化。由于中国学习者在外语学习中语言环境不足,输出本身可以成为一种营造语言环境的弥补手段。它将迫使学习者充分调动已经习得的语言积累,把理解性的输入转化为功能性的输出,从而有效地将记忆性的语言信息内化为运用性的语言材料,巩固和提高整体语言能力。

3.比亚韦斯托克(Bialystok)的第二语言学习模式

加拿大语言学家比亚韦斯托克的第二语言学习模式在功能上将外语知识主要分为显性语言知识、隐性语言知识。显性语言知识指学习者能够清醒意识到并能清晰表达出来的语言知识,比如词汇知识、语法规则、发音规则等。隐性语言知识指学习者在理解和输出语言时所依赖的"直觉信息",是内化了的语言知识。当学习者"感觉这个句子是对的",但无法说出具体缘由时,那么他调动的就是自己潜意识层里的隐性知识,也就是我们常说的"语感"。第二语言学习模式指出,一个人的隐性语言知识越多,他熟练使用目的语的程度就越高。

4.建构主义学习理论

建构主义又称结构主义,是认知理论的一个分支,是学习理论中行为主义到认知主义的进一步发展,是素质教育、西方教育心理学的最新教学理论。建构主义认为学习是学习者主动建构意义的过程,强调学习的主动性、社会性和情境性,它是在吸取了多种学习理论,如行为主义理论、认知主义理论,尤其是在维果茨基理论的基础上形成和发展的。

建构主义学习理论是指在教师指导下以学习者为中心的学习,它既强调学习者的认知主体作用,又不忽视教师的指导作用。学生是信息加工的主体,是意义的主动构建者,而不是外部刺激的被动接受者和被灌输的对象。教师是意义构建的帮助者、促进者,知识的导航者,而不是知识的传授者与灌输者。学习应当是自主性的,不应当是接受性的。教师只向学生提供解决问题的线索,引导学生收集资料,而不是直接告诉学生怎样解决问题。

建构主义还认为,学习不是简单的行为主义刺激,即反应过程,而是新旧经验之间的双向相互作用的过程,即通过同化和顺应两种途径来构建个人意义的过程。学习者不是从同一背景出发,而是从不同背景和角度出发,在教师和他人的协助下,通过独特的信息加工活动建构意义。

5.《义务教育英语课程标准(2022年版)》

英语课标指出,教师要帮助学生树立语境意识,在语言交际中关注时间、地点、场合、交际对象、人物关系、心情处境和交际目的等因素。在输出活动中,注意创设真实的、与问题解决紧密关联的语境,有效实现与他人的沟通与合作;指导学生自主建构和内化新知,发展独立思考和合作解决问题的能力。教师应以英语学习活动观为指导组织教学,引导学生在探究主题意义的活动中,利用多种工具和手段在零散的信息和新旧知识之间建立关联,自主建构基于语篇的结构化新知。

通过语言、内容和思维融合的学习方式,引领学生在真实情境中,利用结构化新知完成真实任务,解决实际问题。

6.深度学习

深度学习是在教师引领下,学生围绕具有挑战性的学习主题,全身心积极参与、体验成功、获得发展的有意义的学习过程。深度学习有五个特征:联想与结构——经验与知识的相互转化,活动与体验——学生的学习机制,本质与变式——对学习对象进行深度加工,迁移与应用——在教学活动中模拟社会实践,价值与评价——"人"的成长的隐性要素。

二、范式操作实施

听说教学的价值在于学生通过听说体验,将所学知识用到真实的生活情境中去,达成语用功能。在实际的教学中,教师应认真研读听力语篇,提取与单元主题关联的语篇信息并依据听说要求,设定技能提升与主题探究的目标,创设听说融合与有助于素养提升的活动。开展语篇研读时,教师要对语篇的主题、内容、文体结构、语言特点、作者观点等进行分析,提炼语篇中的结构化知识,建立文体特征、语言特点等与主题意义的关联,多层次、多角度分析语篇传递的意义,挖掘文化内涵和育人价值,把握教学主线。然后基于学生对主题的已知与未知,以及英语课标对三级听说目标的要求,围绕主题探究的听说教学目标,从感知与积累、习得与建构和表达与交流三个方面的微技能培养来设计教学活动。英语学习活动的设计应以促进学科核心素养发展为目标,围绕主题语境,基于口头和书面等多模态语篇,通过学习理解、应用、实践、迁移创新等层层递进的语言、思维文化相融合的活动,引导学生加深对主题意义的理解。听说学习活动的创设应紧扣主题语境,引导学生围绕主题学习通过听的策略理解并建构语言知识,利用口语交际策略对其迁移运用。

1.听前:利用多模态形式,复现主题,激活旧知

听前活动的目的是导入主题、激发兴趣、激活思维。教师可利用文字、数据、图片、音频、视频等多模态形式呈现立体场景,利用与主题相关的生活中的具体现象创设问题情境,复现主题,使学生将已有经验与主题建立关联,激活主题句型、语法和词汇。此外,教师还可铺垫必要的语言和背景文化知识,明确要解决的问题,使学生在已有知识经验和学习主题之间建立关联,发现认知差距,形成学习期待。

2.听中:利用听力策略,获取主题信息,提升听的能力

在学生将旧知与主题建立关联并意识到认知差距、形成学习期待后,教师以解决问题为目的,引导学生通过获取与梳理、整合与概括等活动学习和运用语言知识、语言技能,从语篇中获得与主题相关的文化知识,建立信息间的关联,形成新的知识结构,感知并理解语言所表达的意义。听中活动的设计旨在利用听力策略形成新的知识结构,感知和理解主题语言在主题语境中的语用意义,树立对象和场景意识,提升输入性技能,为围绕主题的口语输出作铺垫。

3.听后:内化与运用主题知识,促进说的迁移

根据英语课标要求,教学设计与实施要引导学生"运用所学知识、技能和策略,围绕主题表达个人观点和态度,解决真实问题,达到在教学中培养学生核心素养的目的"。听后展示活动重在引导学生在真实的主题语境中通过迁移与运用来培养语言能力,加深对文化内涵的理解,巩固结构化知识,促进知识的转化。

课堂教学中要注重形成评价,体现教学评一体化。教师要准确把握教、学、评在育人过程中的不同功能,树立"教—学—评"的整体育人观念。听后输出评价立足单元主题,与课时内容、课时目标及教学活动保持一致,以实现以评促说的目的。在评价语言知识、语言技能、学习策略

和文化知识的同时,评价听力语篇与主题的关联性。评价主体也可多元化,由师生评价转向生生评价。总之,评价活动应贯穿教学的全过程,为教学目标服务。

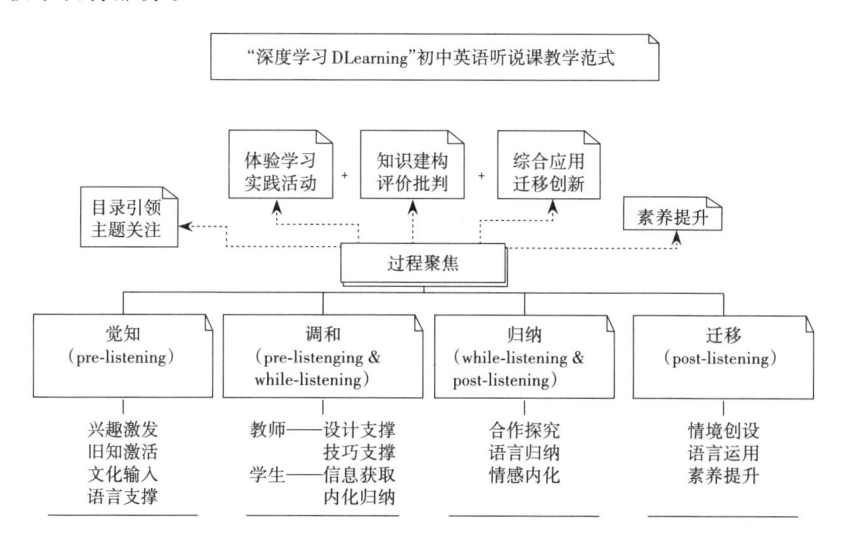

"深度学习DLearning"初中英语听说课教学范式

```
                    体验学习      知识建构      综合应用
                    实践活动  +   评价批判  +   迁移创新
     目录引领                                              素养提升
     主题关注 ←                过程聚焦
        ┌─────────────┬─────────────┬─────────────┐
      觉知            调和            归纳           迁移
   (pre-listening) (pre-listenging & (while-listening & (post-listening)
                   while-listening)  post-listening)
   
   兴趣激发       教师——设计支撑    合作探究       情境创设
   旧知激活            技巧支撑     语言归纳       语言运用
   文化输入       学生——信息获取    情感内化       素养提升
   语言支撑            内化归纳
```

三、初中英语听说课教学范式

义务教育阶段英语学科核心素养包括:语言能力、学习能力、思维品质和文化意识。英语作为语言学科,更应该体现深度学习的十大特征:目标引领、过程聚焦、主题关注、体验学习、实践活动、知识建构、评价机制、综合应用、迁移创新、素养提升。

学生在教师引领下,基于已有知识和经验,依托语篇,以解决问题为目的,主动学习和运用语言知识、语言技能和学习策略,探究主题意义。

学生作为意义探究的主体,借助语言,主动获取、梳理、概括和整合信息,获得基于主题的新知识结构,经过丰富的学习和实践活动,内化为个人的知识和能力;在此基础上,运用所形成的新知识、新观点和新方法,在新的语境中创造性地解决新问题,实现从能力到素养的转化。

作为学习的主体,我们的学生到底扮演了什么样的角色?学生是课堂的参与者(Participant)、体验者(Experiencer)、建构者(Constructor)、交流者(Communicator)、质疑者(Questioner)、合作者(Cooperator)、探索者(Explorer)、创新者(Innovator)、评价者(Assessor)、反思者(Reflective practitioner)。所以深度学习的过程是感知—理解—内化—建构—应用—迁移—创造—提升。

在英语学科的核心素养中,学生思维品质的目标简述为:通过本课程的学习,学生能辨析语言和文化中的各种现象;正确评判各种思想观点,具备初步用英语进行多元思维的能力。文化意识的目标为:通过本课的学习,学生能够根据文本话题进行思考升华,并形成自己的价值观和良好品格。基于以上教学基本依据,教学设计原则确定如下:

(1)活动设计注重对学生语言能力的培养和达成。

(2)活动设计要引导学生在深度理解文本内容与思想的基础上进行有效的归纳和理解,对文章中所呈现的生活现象能够进行审辩性思考,并形成正确的价值观和良好的品格。

听说课范式初探:

感知语言	Exposure to language
理解并整合	Comprehension and integration
巩固应用	Practice and use
迁移创新	Transfer and innovation
内化	Internalization
外化	Externalization
语言输入	Language input
基于情境的活动	Activities based on situation
语言输出	Language output

Understand & Use

Questions for discussion:

1. What is the basic process of teaching listening and speaking?

2. Before listening, what activities should students be engaged in? What's the purpose of these activities?

3. What is the purpose of while-listening stage? How to design activities to achieve the purpose?

4. What is the purpose of post-listening? What kind of activities are usually employed at this stage?

The process of teaching listening and speaking:

Pre-listening   Helping the students prepare to listen.

While-listening   Guiding the students and helping them listen and understand.

Post-listening   Offering students opportunities to integrate what they learned from listening text into their existing knowledge and communicate with others.

人教版八年级上册 Unit 6 Section B (1a-1e)听说课教学设计

一、教学内容分析

1.基于课标

英语课标指出：全面落实习近平总书记关于培养担当民族复兴大任时代新人的要求，明确义务教育阶段时代新人的具体要求是：有理想、有本领、有担当。课程理念要践行学思结合、用创为本的英语学习活动观。秉持在体验中学习、在实践中运用、在迁移中创新的学习理念，倡导学生围绕真实情境和真实问题，激活已知，参与到指向主题意义探究的学习理解、应用实践和迁移创新等一系列相互关联、循环递进的语言学习和运用活动中。坚持学思结合，引导学生在学习理解类活动中获取、梳理语言和文化知识，建立知识间的关联；坚持学用结合，引导学生在应用实践类活动中内化所学语言和文化知识，加深理解并初步应用；坚持学创结合，引导学生在迁移创新类活动中联系个人实际，运用所学解决现实生活中的问题，形成正确的态度和价值判断。因此，通过本单元的学习，引发学生对自己理想职业的思考，帮助学生制订计划，坚定为实现人生理想而努力的决心和积极向上的生活态度。

2.基于教材

本单元围绕"future intentions",以同学之间谈论职业理想以及如何实现职业理想为背景,展开多种形式的语言活动,让学生逐步学会运用一般将来时来询问和叙述将来的计划、打算。Section B通过谈论新年计划,培养学生的阅读策略,训练学生的阅读理解能力,并在听说和阅读后,让学生运用所学描述自己的计划并简述原因,实现整体性输出。从学生的认知特点出发,根据《义务教育英语课程标准(2022年版)》和《普通高中英语课程标准(2017年版2020年修订)》中对理解性性技能和表达性技能的定义,为了让学生完成从输入到输出的顺利过渡,契合深度学习觉知—调和—归纳—迁移的四个环节,着眼于单元整体建构,联系个人实际,言之有理、学以致用。故本单元Section B部分调整为文本阅读课在前,听说表达课在后。

二、学习者情况分析

1.学生自然状况

学生有一定的英语学习能力,口语能力也较强,但学习的英语知识还比较零散,建构语言体系框架的意识较弱,需要在语言的结构化上有所突破。八年级学生随着年龄的增长,上课的主动性和积极性也较七年级时有所减弱,学生主动举手发言的情况开始变少,需要老师设计适合他们的学习能力和贴近他们生活的话题,引导其主动发言。本单元主题范畴属于"人与自我",话题围绕他们自身展开,学生在老师的启发下应该有很强的表达欲望和热情。该班学生英语基础比较好,学生口语表达能力较强,因此,对学生语言综合应用能力和思维品质的提升需要设计更高更深的活动或问题。

2.已有基础和学习需求

语言基础:八年级的学生有一定的运用各种句式的表达能力。本单元的核心句式是表示将来计划的 be going to,学生在学完 Section A 的情况下,已掌握了此结构的应用,也能用它简单谈论自己的计划和打算。

生活经验:本单元的话题与学生自身息息相关,能从认识职业到谈论自己对未来职业的憧憬,也能理解制订新年计划的重要性。我们要引导学生在正确分析和看待自己的优劣势基础上来制订合理的计划,并采取可行的措施去完善自己的计划,通过每年的小目标的达成最终通向自己的成功之路,帮助学生能更好地自我认知、自我管理和自我提升。

学习能力:学生对谈论自己的新年计划这一话题有一定的语言基础,但在制订具体的、可行的措施时会显得语言较为贫乏,也未说明为什么要制订这一计划的原因,教师应当适时提点学生补充表达原因,同时也要通过头脑风暴、小组讨论等形式引导学生集思广益,帮助他们在表达自己新年愿望时更丰富地表达自己的决心和行动计划,建构正确的思维逻辑,培养积极的实干精神。

三、教学目标设定

By the end of the class, Students(以下均以"Ss"代替) will be able to

(1)Talk about our New Year's resolutions by using "What are you going to do? Why are you going to do that? How are you going to do that?"

(2)Use various(多样化的) sentence patterns to make a long conversation.

(3)Make our own proper resolutions with detailed actions.

(4)Develop the idea of making our resolutions come true step by step.

四、教学重难点

教学重点:Talk about our New Year's resolutions by using

What are you going to do?

Why are you going to do that?

How are you going to do that?

教学难点:Use various(多样化的) sentence patterns to make a long conversation with the standards: different sentence patterns; long conversations; proper resolutions; detailed actions.

五、评价设计

以听力任务来建构、梳理谈论新年计划的语言支架。学生利用目标语言询问他人的新年计划和实现措施,并给予评价和建议,最终联系个人实际,写下自己的新年计划,并与他人分享。

六、教学活动

教学步骤	教学活动及层次	活动设计意图	评价活动设计
Step 1 Lead-in	Activity 1：(Dream it) Teacher asks about Ss' dream after the video. Activity 2：Guessing. Teacher leads in her own and her brother's New Year's resolutions.	1.视频导入主题情境，激发学生兴趣，激活学生思维。 2.激发学生学习表述新年计划的核心词汇和句型的兴趣。	学生是否对该主题表现出兴趣，并乐于表达。 （听前觉知）
Step 2 Pre-listening	Activity 1：(Plan it) Ss talk about their New Year's resolution： I'm going to learn / get / eat … My new year's resolution is to learn / get / eat …	学生以 chain drill 形式快速问答，说出自己的新年计划，训练用目标短语 be going to 表达新年计划，并熟悉新句型 my resolution is to … 激活主题句型、语法和词汇。	学生能运用已有经验与主题建立关联，能发现认知差距，并乐于倾听。 （调和）
Step3 While-listening	Activity 1：Listen and match the resolutions. Activity 2：(Do it) Let's see how to keep their resolutions. Ss listen and fill in the table in 1d. Retell the three resolutions quickly. Activity 3：Listen for the questions so that they can use the sentences to ask about their partners' New Year's resolutions.	1.训练学生听取和归纳关键信息的能力。 2.训练学生使用恰当的听力技巧完成听力任务，快速填补信息；利用相关听力策略，获取主题信息；提炼新年计划的语言，建构语言体系。	1.绝大部分学生能完成听力任务，并找出关键信息：what 和 how。 2.绝大多数学生能根据计划做出相应的措施去完成计划。 （调和）

续表

教学步骤	教学活动及层次	活动设计意图	评价活动设计
Step 4 Post-listening	Activity 1: Discussion. Whose resolution will work well? Why? Activity 2: Summarize the sentence patterns and talk about Ss' own resolutions Activity 3: (Keep it) Pair work. Ask and answer about partner's resolution, making a long conversation. Is his/her resolution right for him/her? Will it work well? What else should he/she do? Activity 4: (Achieve it) Teacher asks one more question: Can we achieve our dreams in this way? Writing: Ask partners to write their resolutions. Summarize the way to achieve our dreams: Dream it–Plan it–Do it–Keep it–Achieve it.	1. 梳理制订新年计划的原则。 2. 建立 what 与 how 之间、目标与行动的内在联系。 3. 合作探究：评价同伴的新年计划，给出更好的建议；讨论梦想之路：引起学生深度思考，坚定其为理想而付诸行动的决心，树立积极进取的实干精神和坚持不懈的拼搏精神。 4. 搭建平台让学生内化和运用主题知识、技能和策略，围绕主题表达个人观点和态度，进一步加深对文化内涵的理解，巩固结构化知识，促进知识向能力的转化并表达出来。	1. 学生能理解并建立 what 与 how 之间的联系。（合作学习、归纳） 2. 学生能思考自己新年计划的可行性，对自己的行动作出适当调整。（迁移） 3. 大部分学生能在分享时给出比较合理的建议，具有较好的逻辑和内容支撑，具备积极的价值取向。

七、板书设计

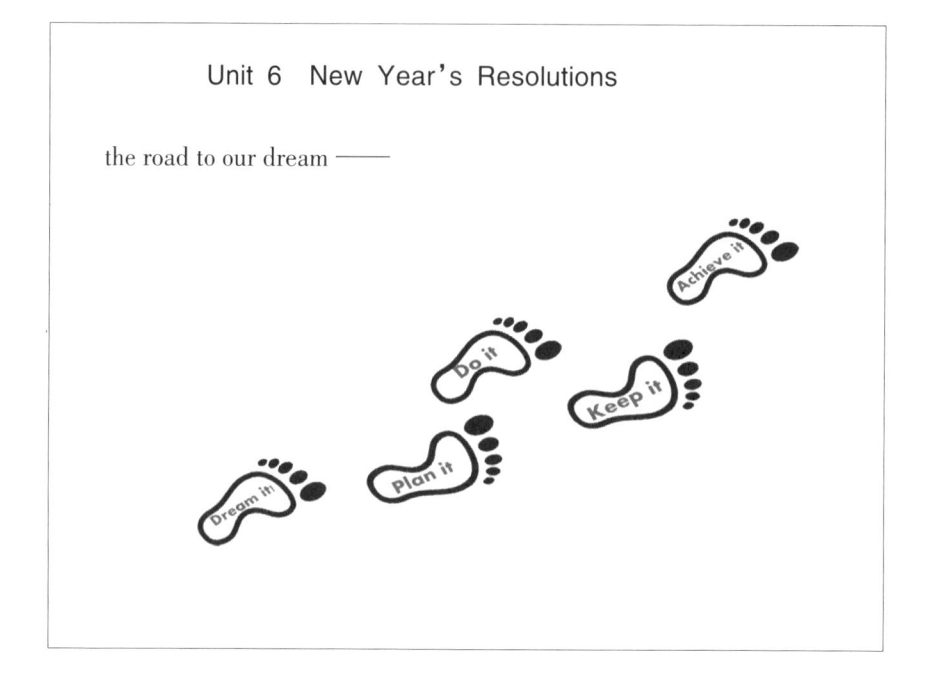

Unit 6　New Year's Resolutions

the road to our dream ——

Dream it　Plan it　Do it　Keep it　Achieve it

八、作业与拓展学习活动设计

（1）Draw a mind-map to tell others how to keep your New Year's resolution.

（2）Better your resolutions.

（3）Finish your exercises on your workbook（page 51）.

（choose the one you like）

人教版七年级下册 Unit 11 Section A (2d) 听说课教学设计

一、教学内容分析

1. 基于课标

英语课标指出:全面落实习近平总书记关于培养担当民族复兴大任时代新人的要求,明确义务教育阶段时代新人的具体要求是:有理想、有本领、有担当。在课程理念上要践行学思结合、用创为本的英语学习活动观。义务教育阶段英语学科核心素养包括:语言能力、学习能力、思维品质和文化意识。英语作为一门语言学科,更应该在教学时突出深度学习的十大特征:目标引领、过程聚焦、主题关注、体验学习、实践活动、知识建构、评价机制、综合应用、迁移创新、素养提升。

2. 基于教材

单元主题:School trips

主题范畴:人与自我

主题群:生活与学习

子主题内容:丰富、充实、积极向上的生活

本单元围绕"School trips",以同学之间谈论各自的游览经历为背景,展开多种形式的语言活动,让学生逐步学会运用一般过去时叙述和询问过去的活动经历。并通过Helen和Jim谈论各自的学校旅行经历,培养学生的阅读技能,训练学生的对比分析能力。在听说和阅读后,让学生运用所学描述自己曾经的旅行经历,然后进行评价并简述原因,实现整体性输出。

本次上课内容为人教社新目标初中英语教材七年级下册Unit 11 Section A,该部分内容围绕着农场之行展开,着重描述了乡村生活。这些内容对于城市学生来说会显得陌生而有趣。1a至1c先通过主题图呈现两个学生谈论学校组织的农场之行的场景,接下来的听力活动则是为了让学生感知如何就过去发生的事情进行谈论,对话中呈现一般过去时的一般疑问句和答语,便于学生在口语活动中进行模仿。2d的示范对话讨论的是乡村旅行,对话中提供了更为丰富的生活信息以及表达用语,供学生模仿和输出。

本部分的教学重点是与农场和乡村活动相关的动词短语,还有be动词和实义动词的一般过去时句式。教学难点是实义动词一般过去时的疑问句的正确语序。另外,不规则动词的过去式对中国学生也是一个难点。

二、学习者情况分析

本次上课班级学生入学时英语基础比较差,有40%学生从未学过英语。通过一学期的学习,班级学生拥有一定的英语基础和英语学习水平,课堂发言比较积极。

三、教学目标设定

在学习本单元后,学生能够达到本单元所要求的语言能力,理解并体会本单元要求的文化意识和思维品质。在学习的过程中,学生在课堂活动中逐步发展思维品质。

1. 语言能力

能够正确使用be动词的一般过去时描述和询问过去的状态;能够正确使用实义动词的一般过去时描述和询问过去发生的事情;能归纳常见的规则动词的过去式的变化规则,并初步感知部分动词的不规则过去式。

2. 思维品质

能通过回顾过去的事情,发展思维的逻辑性;并能在文章的对比分析中,发展对比思维和批判性思维。

3. 学习能力

能体会语块对词汇学习的重要性;能通过对比性分析,表达个人情感;能在与他人交流分享中,实现相互了解。

4. 文化意识

了解不同的学校旅行及活动安排,丰富自己的生活阅历。

四、教学设计主要理念与原则

(一)设计依据

设计理念"逆向设计"的核心就是"以终为始",是一种先确定学习的预期效果,再明确预期效果达到的证据,最后设计教学活动以发现证据的教学设计模式。教师在设计之初首先要确定预期效果,也就是学生在学习后能达到的标准和目的。逆向设计是用结果来组织学习,用任务来设计评价,用理解来定义学习。

英语学科的核心素养主要包括语言能力、思维品质、文化意识和学习能力四个方面。其中,学生思维品质的目标简述为:通过本课程的学习,学生能辨析语言和文化中的各种现象;正确评判各种思想观点,具备初步用英语进行多元思维的能力。文化意识的目标为:通过本课的学习,学生能够根据文本话题进行思考升华,并形成自己的价值观和良好品格。

(二)设计原则

(1)活动设计注重对学生语言能力的培养和相应目标的达成。

(2)活动设计要在引发学生深度理解文本内容与思想的基础上进行有效的归纳和理解,对文章中所呈现的生活现象能够进行审辩性思考,并形成正确的价值观和良好的品格。

五、教学活动

教学步骤	教师活动	学生活动	设计意图及评价要点
Step 1 Warm-up & Lead-in	1. Play the song *Five Little Ducks* and organize Ss to sing it.	1. Sing the song together.	To have a general idea of what they are going to learn in this unit.

续表

教学步骤	教师活动	学生活动	设计意图及评价要点
Step 1 Warm-up & Lead-in	2. Present Ss two videos about countryside. 3. Elicit Ss' memory of countryside and some adjectives of attitudes towards rural areas.	2. Watch the videos and think about what they are going to learn and talk about in today's class.	To arouse Ss's enthusiasm of today's topic.
Step 2 Pre-listening	Help Ss to talk about the country life by asking two questions: 1. What do you usually see in the countryside? 2. What can you do in the countryside?	Start to think and answer the questions.	To prepare Ss for some key words and phrases which will be presented in listening practice.
Step 3 While-Listening	1. Play the record and ask Ss to choose the best answers. 2. Play it again and ask Ss to fill in the blanks.	1. Listen to the key words and choose the best answers. 2. Listen again and fill in the blanks.	To practice listening understanding.
Step 4 Post-listening	1. Organize Ss to circle the past forms of the verbs and find the three questions in the conversation. 2. Present Ss two questions and ask them to find the answers. 3. Play the record and organize Ss to read the conversation loud. 4. Delete some parts of the conversation and provide a frame for Ss to make conversations by themselves.	1. Pay attention to the language forms. 2. Understand the conversation better by finding the answers to the questions. 3. Practice reading and try to imitate the pronunciation, intonation and feeling. 4. Role-play the conversation in a controlled way.	1. To make an output after listening. 2. To summarize the language points which are about to be used in the following practice.

续表

教学步骤	教师活动	学生活动	设计意图及评价要点
Step 4 Post-listening	5. Help Ss to summarize the key sentences and phrases which can be used in the topic about countryside. 6. Organize Ss to talk about one of their trips in the countryside. 7. Play a video and elicit Ss' emotion and values learned from their trips.	5. Summarize the key sentences and phrases. 6. Prepare to talk about the trips in the countryside, including the exact place, the weather, the activities and the feelings. 7. Watch the video and talk about what they have learned from their trips.	3. To push Ss to use what they have learned. 4. To help Ss have better values in life.

六、作业与学习活动设计

Share one of your trips with your friends or teachers.

阅读课教学范式

一、阅读课范式学科理论基础

阅读教学在英语教学中占有非常重要的地位。通过阅读，我们可以与智者交谈，与伟人对话，与世界沟通，与自我交汇。阅读课是英语教学中非常重要的组成课之一。在编排上，初中英语教材以单元为单位，以对话引出话题，让学生学习或复习日常交际用语，接着阅读同对话题材相同的语篇，训练阅读技能，学习语法和词汇，将所学知识进行运用。因此，阅读教学不仅要给学生传授语言知识，而且要培养他们的语言技能，能让其在学习、理解的基础上，应用于实践并迁移创新。

英语课标中三级及三级+语篇知识内容要求：

三级	1.理解记叙文语篇的主要写作目的、结构特征、基本语言特点和信息组织方式，并用以描述自己和他人的经历。 2.理解说明文语篇的主要写作目的、结构特征、基本语言特点和信息组织方式，并用以说明事物和阐释事理。 3.理解常见应用文语篇和其他常见语篇类型的主要写作目的、结构特征、基本语言特点和信息组织方式，并用以传递信息。 4.在语篇中辨识并尝试运用衔接和连贯手段，以提升理解的准确性和表达的逻辑性。
三级+	理解说理类语篇的主要写作目的、结构特征、论证方法、基本语言特点和信息组织方式。

从中我们可以看出，相对于《义务教育英语课程标准(2011年版)》中对学生语篇知识的要求，《义务教育英语课程标准(2022年版)》的要求已经同语文教学目标和阅读理解方式不相上下，这也进一步大大提高了我们对英语阅读教学的要求。

二、范式操作实施

在过去的教学中，我们对阅读教学的重视度不够，因而在教学中存在一些问题，主要体现在以下几个方面：

(1)课堂以教师为中心，教师"满堂灌"，不注意对学生阅读技能的培养，学生往往被动地接受语言知识。

(2)受传统教学方法影响，教师在阅读教学中过多地重视语法，教学过程就是拼读生词，讲解单词，补充词组，罗列搭配，逐句逐段分析句子结构、语法等。

(3)没有形成一套科学、有效、易操作、体现英语课标要求、体现学生主体作用、激发学生阅读兴趣、促进学生体验参与、促成学生形成良好的阅读习惯，从而提高学生阅读能力的教学方法。

(4)阅读教学的量不够，虽有配套的符合学生年龄特点、认知能力的阅读材料，但重视度和使用率较低。

那么，如何改变这一现状，提高阅读教学的有效性呢？根据深度学习理念和英语课标对阅读教学的要求，我们形成了以下深度学习阅读课的教学范式：

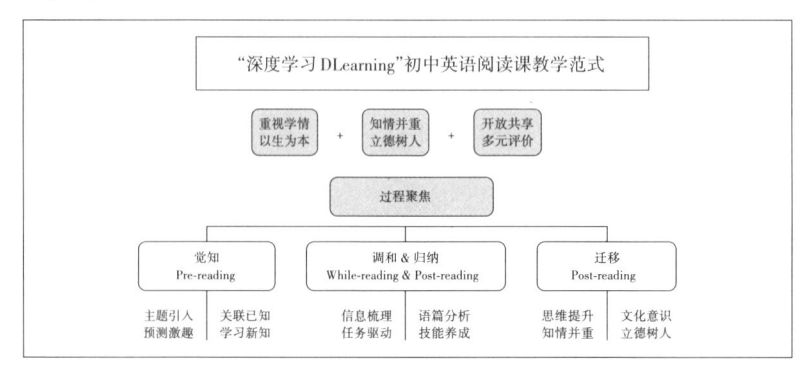

"深度学习 DLearning"初中英语阅读课教学范式

重视学情 以生为本 ＋ 知情并重 立德树人 ＋ 开放共享 多元评价

过程聚焦

觉知 Pre-reading	调和 & 归纳 While-reading & Post-reading	迁移 Post-reading
主题引入 预测激趣 / 关联已知 学习新知	信息梳理 任务驱动 / 语篇分析 技能养成	思维提升 知情并重 / 文化意识 立德树人

为了达到九年级学业质量标准，除了课堂教学，我们还初步制订了初中阅读教学方案：

(1)教学目的：使学生英语达到英语课标要求的三级及三级+阅读水平。

(2)教学措施：

七、八年级：完成课标要求的学习任务，制订阅读教学计划。

课内：教学改革。

课外：综合拓展。

九年级：研究改革，优化复习方案。

课堂教学中：文本解读，技能养成，思维提升，文化意识。

课外拓展：

(1)视野拓展：英语歌曲学唱、英语电影赏析、西方文化鉴赏、中外文化对比、了解英美国家文化。

(2)阅读输入：英语报刊阅读、典范英语学习、假期书目推荐。

(3)能力展示：英语朗诵比赛、英语演讲比赛、英语板报比赛、英语配音大赛、英语广播台、英语口语角、全国中学生英语能力竞赛。

总之，只有以学生为主体、教师为主导，倡导体验参与深度学习教学模式，加强对学生阅读技能的训练，同时扩大课外阅读量，才能使学习过程成为让学生形成积极的情感态度，主动思维和大胆实践，增强跨文化意识和形成自主学习能力的过程，为学生的终身学习和发展打下良好的基础。

人教版七年级下册 Unit 7 Reading 教学设计

一、教学内容分析

1.基于课标

英语课标指出:践行学思结合、用创为本的英语学习活动观。秉持在体验中学习、在实践中运用、在迁移中创新的学习理念,倡导学生围绕真实情境和真实问题,激活已知,参与到指向主题意义探究的学习理解、应用实践和迁移创新等一系列相互关联、循环递进的语言学习和运用活动中。坚持学思结合,引导学生在学习理解类活动中获取、梳理语言和文化知识,建立知识间的关联;坚持学用结合,引导学生在应用实践类活动中内化所学语言和文化知识,加深理解并初步应用;坚持学创结合,引导学生在迁移创新类活动中联系个人实际,运用所学解决现实生活的问题,形成正确的态度和价值判断。本课时的设计以"分享"为情感主线,引导学生进入真实的分享环境,输出真实的个人体验。

2.基于教材

主题范畴:人与自我

主题群:生活与学习

子主题内容：丰富、充实、积极向上的生活

语篇价值：该语篇以明信片为载体，由 Su Lin 和 Dave 两人在明信片中谈论自己的假期活动，向好友 Jane 分享自己的快乐。通过阅读，学生能够了解在不同天气条件下人们度过假期的不同方式，同时通过明信片中传递的情感细节，理解分享的意义与价值。

What 语篇分析：语篇以明信片为载体，通过 Su Lin 和 Dave 与好友 Jane 分享假期经历，描述了假期地点、在不同天气状况下的活动以及当时的心情状态。

Why 语篇价值：学生通过阅读了解度过假期的不同方式，明白与好友分享快乐的意义。

How 语篇结构：本语篇体裁为明信片，分别由 Su Lin 和 Dave 写给共同的好友 Jane，因为都是记录正在发生的假期活动，所以时态都选用现在进行时。第一篇 Su Lin 在明信片中讲述了自己在加拿大拜访阿姨和上暑假学校的事情，而写作明信片的时刻，天气晴朗，于是也分享了自己正在泳池边坐着喝果汁的惬意时刻。该篇呈现了现在进行时的两类语法含义，即描述近来一段时间发生的事情和此时此刻正在发生的事情。第二篇 Dave 在明信片分享了自己在欧洲的大山里徒步的经历，天朗气清，正是徒步的好时刻，但是因为自己的手机损坏无法通过电话分享，于是写明信片和好友分享快乐。该篇用丰富的句式结构来表达转折、递进等语篇衔接手段。明信片上边配有三幅图片，分别需要学生阅读并匹配对应图片，体现了该课时的设计分别埋藏两条线索，即语篇明线：围绕时间、地点、人物情感描述分享假期生活；情感暗线：分享让快乐翻倍，让悲伤减半。

二、学习者情况分析

(1) 自然情况：该授课班级学生英语水平较弱，其中英语读写能力尤其偏弱。

(2) 已有基础：在本堂阅读课前，学生在本单元主题语境下，通过三堂听说课以及一堂语法课，学会了用正确的句式谈论天气，大部分学生能够正确运用现在进行时描述在不同天气状况下自我（第一人称）及他人（第三人称）从事的活动。本课时是阅读的第一堂课，学生在把握基本时态、语法规则的条件下，重在对文本体裁、大意以及语言细节的理解，且在获取信息的过程中体悟朋友之间相互分享快乐的意义，从而带动学生自身分享快乐的欲望。

三、教学目标设定

核心素养	学习目标与要求
语言能力	词汇：围绕单元主题语境，能熟练掌握和运用以下单词和句型： ①单词短语：visit; learn a lot; right now; by the pool; study English ②句型：My phone isn't working. 　　　　It's hot in your country now, isn't it? 　　　　The weather here is cool and cloudy, just right for walking. 语法：能正确使用现在进行时描述假期生活。 语篇： ①阅读两篇关于假期生活的明信片，获取细节信息，包括时间、地点、活动、天气、心情。 ②阅读第二篇 Dave 的假期生活，推断目标句式的含义：It's cool and cloudy, just right for walking. 中"just right for ..."的含义。 ③阅读两篇明信片，找出关于情绪的表达，并体悟运用不同的表达方式描述情感体验。 表达：能够正确运用词块、时态，分享自己的 school trip 经历。

续表

核心素养	学习目标与要求
文化意识	意识到与家人、朋友分享生活的重要性。同时，了解世界各地不同天气及人们进行的不同活动，感受地域差异。
思维品质	观察与辨析：把握明信片的整体意义，判断句子之间、段落之间的逻辑关系。 归纳与推理：能提取、整理、概括稍长的语篇关键信息、主要内容、思想和观点。
学习能力	能在学习活动中积极与他人合作完成打电话的角色扮演，共同完成学习任务。

学习目标所属层次和核心素养

学习目标	活动层次	学科核心素养
运用预测、略读和寻读的阅读技巧，获取语篇的基本信息(如天气、活动、地点、情感体验)，借助表格呈现结构化信息。	学习理解类	复习目标语言 回顾阅读策略
基于结构化信息，以图片为载体，复述文章内容。注意第一人称和第三人称的转化。	归纳概括类	提升思维品质 培养学习能力
运用所学的语言表达(例如打电话用语)，使用目标语言扮演文中人物角色复述内容，学会分享。为分层教学考虑，以学生实际生活体验为情境，提供语言支撑，分享学校春游拉练活动。	应用实践类 内化与表达 描述真实情境	发展语言能力 提升思维品质 培养文化意识

四、教学重难点

重点	1.掌握目标语言(词汇、词组、现在进行时)。 2.意识到与家人、朋友分享生活的重要性。
难点	1.利用略读、寻读等阅读技巧获取信息并进行归纳总结。 2.通过跟读录音体会文中描述情感体验的词句，并用适当的形容词描述。 3.读后分层任务：通过打电话方式分享自己的 school trip 经历；或通过打电话方式复述 Su Lin 和 Dave 的假期生活。

五、评价设计

英语课标指出,教师应根据学生回答问题、小组讨论、综述观点、自评互评、随堂检测等环节的具体表现,以口头、书面和肢体语言等反馈方式和量表等评价工具,判断学生对课堂任务的兴趣和投入程度、对任务的适应和完成程度、在解决问题过程中的能力和情感发展水平等,给予学生有针对性的鼓励、指导或建议。参考英语课标课堂评价标准,该课时读后环节的设计分层任务,使该班不同学习层次的学生皆能学有所用。在任务评价过程中鼓励学生间互相评价,采用鼓励性、发展性评价,有助于培养学生的自信。

六、教学活动

步骤(时间)	教学活动及层次	活动设计意图	评价活动设计
Lead-in (3 mins) 觉知	1.学生观看一张实物明信片,了解明信片的构成为 a short letter with a beautiful picture on the back。 2.通过老师、朋友寄明信片的例子,了解明信片中可能包含的基本信息。	激发学生学习兴趣,引出目标语篇主题。	1.在老师引导下,自己总结出明信片的外部特征。 2.根据所引入的图片得出明信片中包含的基本信息。
Pre-reading (3 mins) 觉知+调和	以三个特殊疑问句(Where, How, What)为引导,小组讨论后,分享三张和目标语篇相关的图片。	1.通过谈论图片,解决寻读中可能遇到的新词障碍。 2.三个疑问句埋下文章的结构明线,帮助学生更好地理解文章写作角度。	正确谈论图片,在老师指导下补充新增词汇、短语。

续表

步骤(时间)	教学活动及层次	活动设计意图	评价活动设计
While-reading （18 mins） 调和+归纳	大意理解： 1. 扫读文章，为三张图片分别匹配对应的明信片。 2. 略读文章，确定两篇文章的内容主题。 细节理解一： 利用课本上的读后活动表格，寻找两个主角假期活动的细节信息，完成填空（用Where, How, What）；分篇进行填空后，快速根据图片深入主题，分享两种假期生活。 细节理解二： 1. 根据录音，分别跟读重音后，勾画出两篇明信片中表示情绪的语句，并能用恰当的形容词予以概括。 2. 通过寻找情绪词，理解重难点句型的含义，并学会应用：just right for ...	1. 引导学生总结和归纳文章大意和关键信息。 2. 培养学生快速寻找和处理关键信息的能力。 3. 体悟文章的情感态度，为分享快乐的情感体验埋伏笔。	1. 独立完成或小组讨论完成表格，并能简单复述图片内容。 2. 能够通过阅读体会作者的情感态度，并且选择恰当的形容词予以概括。
Post-reading （16 mins） 迁移	1. 回忆自己的学校旅行，思考置身于当时的环境中应如何分享快乐。 2. 以跟好友分享自己的学校旅行经历为背景，通过打电话完成分享；或者角色扮演Su Lin、Dave与Jane打电话，复述明信片内容。	1. 迁移到学生自己的快乐经历，鼓励分享。 2. 考虑到不同层次的学生，设计分层任务，解决部分学生因为语言障碍无法分享自己学校旅行经历的问题。	能够通过打电话的方式分享自己或者文章主人公的经历。

七、板书设计

```
Unit 7 It's raining!

Reading
Share:
There are two postcards from _____ to _____.
        Where & How & What
```

	Where	How	What
Su Lin			
Dave			

八、作业与拓展学习活动设计

在了解"Sharing doubles happiness and halves pain."的情感态度基础之上，能够以Unit 7阅读篇章为支撑，以打电话的方式对父母等家人表达思念之情。

九、教学资源与技术手段说明

实物明信片：用于引入语篇话题，通过实物的呈现使学生更直观地了解明信片及其应用场景。

幻灯片课件：基于教材语篇内容设计课件，用课件设计"引入—读前—读中—读后"环节。

十、教学反思与改进

1.改善思维可视化的呈现方式

该语篇以三个特殊疑问句为线索查找明信片中的三大基础信息要素。学生通过回答特殊疑问句完成"读中"环节的细节理解,即深度学习环节的"调和"环节。但是未能在设计中考虑从"调和"到"归纳"的过渡,即没有把特殊疑问句所代表的四个方面用关键词(activity, weather, feeling, place)概括,使得学生缺少提炼、总结的机会,导致学生读后在思维可视化方面有所欠缺。

2.情感暗线的铺垫不足

全文情感主题围绕"分享"进行,该课时在最后把分享的内容总结为"分享让快乐翻倍,让悲伤减半",集中处理情绪体验。但是在读中环节存在断层,即缺少带领学生反复跟读、讨论环节,使情绪结论被动产生,没有真正达成暗线(分享)的意义。

人教版九年级 Unit 4 Reading 教学设计

一、教学内容分析

1.基于课标

英语课标指出：当今世界科技进步、日新月异，网络新媒体迅速普及，人们生活、学习、工作方式不断改变，儿童青少年成长环境深刻变化，人才培养面临新挑战。在课程理念上要践行学思结合、用创为本的英语学习活动观。坚持学思结合，引导学生在学习理解类活动中获取、梳理语言和文化知识，建立知识间的关联；坚持学用结合，引导学生在应用实践类活动中内化所学语言和文化知识，加深理解并初步应用；坚持学创结合，引导学生在迁移创新类活动中联系个人实际，运用所学解决现实生活中的问题，形成正确的态度和价值判断。因此，通过本单元的学习，引导学生经历"理解学习—批判接受—融入旧知—建立联系—迁移创新—问题解决"等基于深度学习的学习历程，发散思维，拓宽视野，提升解决实际问题的能力；引导学生联系自我生活实际，坦然面对变化，向学生传递出关注自我发展和自我完善的重要性，并在学习过程中学会反思，从而实现从能力到素养转化的课程目标。

2.基于教材

语篇主题：人与自我。

子主题:生活与学习。

子主题内容:自我认知,自我管理,自我提升。

语篇价值:阅读有关一位乡村少年成长故事的记叙文,能利用上下文线索进行推导判断,确认语句位置,判断缺失信息,培养学生的推断能力。同时,灵活运用不同的短语表达同样的含义。

What语篇分析:语篇介绍了一位名叫李文的乡村少年的成长故事,记叙了他在面对环境变化时的情绪、行为以及这些变化对他产生的影响,并作出改变的故事。

Why语篇价值:通过对语篇的深入研读了解主人公所经历的变化,学生能意识到自己遇到困难时需要向身边的老师、家长或朋友进行合理倾诉,正确表达情绪,能更好地理解老师和家长对自己的爱、教育、期待,最终在问题解决的过程中养成良好的自我管理能力,成为更好的自己。

How语篇结构分析:本语篇是一篇记叙文,全文共分四段,第一段首先讲述李文变好后的现状,再追述李文过去不好的状态和行为及其原因;第二和三段主要讲述李文的不良行为导致他厌学并想要退学,于是找到老师,老师打电话找来家长,在家长与李文深度交流后,李文更加理解了父母对他的爱和期待;第四段主要讲李文作出了哪些改变,既满足了父母的期待,又实现了自我管理与提升。

通过以上解读,将语篇梳理出两条逻辑线:其一,将语篇内容结构图梳理为如下图的"M";其二,将人物改变的情感与认知主线逻辑形成下图的"E",由此形成一个象征自我改变的ME结构图(如下图)。

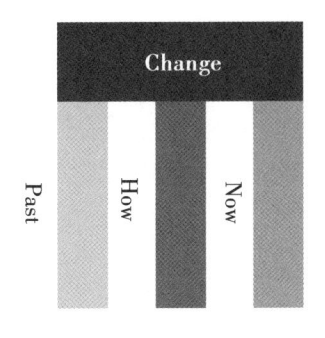

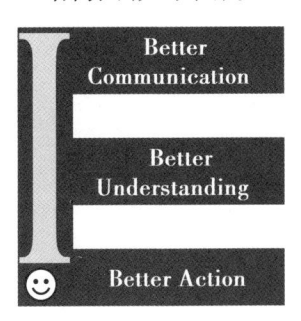

二、学习者情况分析

1.自然情况

授课对象是重庆德普外国语学校的学生。学生的英语学习能力较好,但九年级学生随着年龄的增长及中考的临近,课堂上主动参与活动的积极性较七、八年级时有所减弱。这就需要老师设计与他们最近的学习任务相关,贴近他们的生活,能够激发他们主动思考、积极参与其中的课堂学习活动。

2.已有的基础

按照学业内容安排,学生在此阶段已经学习了教材,进入迎考复习阶段,因此对于单元的生词和语篇内容相对比较熟悉。本单元主题范畴是人与自我,话题围绕学生自身展开,贴近学生生活,能引起他们的反思和情感共鸣。

3.存在的困难

(1)部分中等学生在理解较长语篇时,缺少分析与归纳语篇结构的能力。

(2)学生具备一定的语言基础,但在谈论自己的改变及其过程时,在语言精准性及段落连贯性与逻辑性方面存在一些问题。

(3)在分享与评价他人的改变故事过程中,对老师、父母的管理与疏导存在一些理解与沟通方法的困难。

三、教学目标设定

学习目标	活动层次	核心素养
通过深入文本的问题链和活动链,能提取、归纳、分析、归纳、提取语篇结构,使用What(past),How,What(now)主题词将语篇内容结构化(M),形成语篇整体理解与表达的能力。	学习与理解 获取与梳理 分析与评判	学习能力 语言能力 思维品质
通过深入文本的阅读理解活动,能够正确梳理、概括变化过程,提炼出李文变化的认知和情感逻辑(E)并予以评判,正确使用动词和连词,完成有连贯性和逻辑性的变化过程表达。	学习与应用 概括与梳理 分析与评判	学习能力 语言能力 思维品质
通过"制作班级学生毕业成长变化故事集"的任务情境创设和任务驱动,借助故事内容、语言的结构化学习,写出一个较为完整的关于自己成长变化的小故事,在小组中交流并评价,从被动理解或接受老师和父母的教育期待到去主动改变:实现主动的自我认识与自我管理。	实践与应用 描述与阐释	语言能力 学习能力 文化意识 思维品质

四、教学重难点

重点	1.理解文章的结构,梳理文章脉络。 2.意识到自我意识在自我改变中发挥的重要作用,明白他人对我们的帮助的重要性与必要性。
难点	1.通过深入文本的阅读理解活动,能够正确梳理、概括变化过程,提炼出李文变化的认知和情感逻辑(E)并予以评判,正确使用动词和连词,完成有连贯性和逻辑性的变化过程表达。 2.借助故事内容、语言的结构化学习,写出一个较为完整的关于自己成长变化的小故事,在小组中交流并评价,从被动理解或接受老师和父母的教育、期待到去主动改变:实现主动的自我认识与自我管理。

五、评价设计

本节课围绕学生的真实生活创设主题语境,以实现传授知识、培养能力向发展核心素养转变的课堂教学目标,并以其为导向预设产出任务,围绕目标和产出任务逆向设计,以评促学,以评促教。"教"主要在于设定教学目标和设计教学活动。"学"主要是基于教师指导,以学生为主体的一系列语言实践活动。学生在"制作"自己的故事页和与同伴分享故事页的过程中,都采用与输入完全一致的评价表,促进学生完成个人任务和小组合作探究任务,实现"教、学、评一体化"。

六、教学活动

本节课基于"深度学习"的课堂教学流程图:

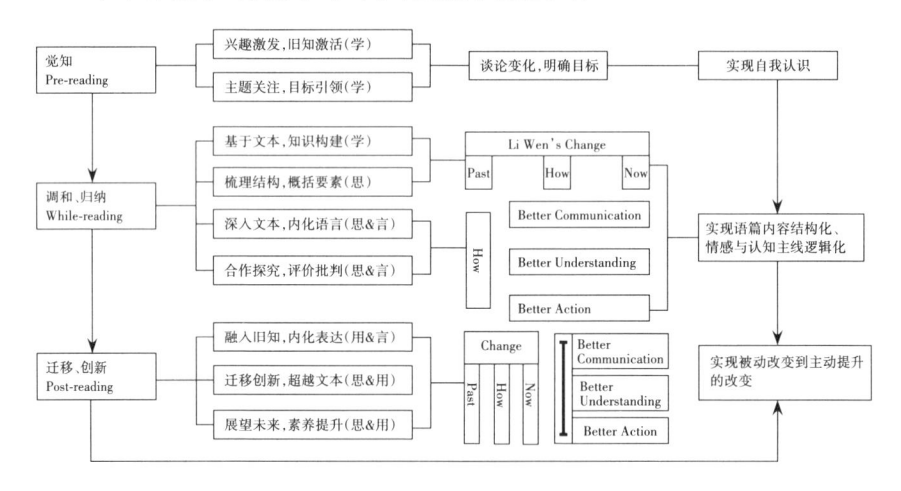

```
觉知                兴趣激发,旧知激活(学)
Pre-reading   ─┤                              ├─ 谈论变化,明确目标 ── 实现自我认识
                    主题关注,目标引领(学)

调和、归纳          基于文本,知识构建(学)        Li Wen's Change
While-reading ─┤   梳理结构,概括要素(思)    ┌─ Past │ How │ Now ─┐
                    深入文本,内化语言(思&言) │   Better Communication  │─ 实现语篇内容结构化、
                    合作探究,评价批判(思&言) │   Better Understanding  │  情感与认知主线逻辑化
                                              └─ Better Action ────────┘

迁移、创新          融入旧知,内化表达(用&言)    Change
Post-reading ─┤    迁移创新,超越文本(思&用) ┌─ Past │ How │ Now ─┐
                    展望未来,素养提升(思&用) │   Better Communication  │─ 实现被动改变到主动提升
                                             │   Better Understanding │  的改变
                                             └─ Better Action ────────┘
```

Stage 1 Pre-reading (4 mins)

深度学习——觉知

	Activities + Resources	Objectives	Evaluation
兴趣激发 主题关注 目标引领 （学）	1. 学生观看自己"三年成长变化"视频，发现自己的变化。(Ss) 2. 老师呈现自己的照片，同时让学生直观了解老师身上发生的变化。(T-Ss) 3. 学生使用单元目标句型 I used to ... but now I ... 来谈论自己的变化。(T-Ss) 4. 呈现本节课的任务驱动——大家一起通过学习李文的成长故事来回顾自己的成长变化故事，并将其制作成毕业"成长变化故事集"。(T-Ss)	1. 激发学习兴趣，引出主题，引发学生共鸣。 2. 学生通过老师的图片及讲述，激活背景知识，用 I used to ...but now ... I 从外貌、性格和行为来谈论自身的变化，知道自己三年来发生了哪些变化，达到自我认识的目的。	1. 学生通过视频能感知本节课的主题，也能产生情感上的共鸣。 2. 学生运用单元核心句型： I used to ... but now I ... 复习旧知，为"言"作准备。 3. 了解本节课的产出任务： 即目标明线——大家一起完成毕业"成长变化故事集"。

Stage 2 While-reading（14 mins）

深度学习——调和、归纳

	Activities + Resources	Objectives	Evaluation
深入文本 知识构建 概括要素 （学&思）	1.读李文的故事，梳理李文变化前后的样子。(Ss) 2.将所给句子按照李文成长变化故事的发展排序，再次梳理变化过程并朗读，内化变化过程，训练表达连贯性。(Ss) 3.小组活动，朗读并有感情地讲述李文成长变化的故事段落。(Ss-Ss)	1.学生通过梳理李文的故事明确写成长故事的结构框架。 2.引导学生总结归纳讲成长变化故事需要用到的动词短语和时间、逻辑连词等语言，为讲好故事搭建语言和逻辑支架。 3.继续为"言"作准备。	能回答出李文过去和现在的样子，并能在老师的引导下将将语篇内容及李文的成长变化故事结构化： Li Wen's Change Past ／ How ＼ Now
深入文本 合作探究 评价批判 （思&言）	1.通过结构图和图片提示，练习朗读并讲述李文成长的过程，内化语言。(T-Ss) 2.引导学生探究李文的成长变化的全过程，分析其成长变化的情感和认知内涵。(T-Ss)	1.让学生感知在成长变化过程中他人带来的力量。 2.通过李文的成长变化故事，总结提炼变化的情感和认知内涵：better communication, better understanding, better action, 搭建认知与情感支架，帮助学生实现自我管理。	1.能提炼出在李文的成长变化过程中父母、老师都起到了很大的作用，但促使他改变的人也有他自己的结论。 2.能通过李文的成长变化故事，总结提炼出变化的情感与认知内涵。

Stage 3 Post-reading (20 mins)

深度学习——迁移

	Activities + Resources	Objectives	Evaluation
超越文本 融入旧知 迁移创新 （言）	1. 以李文的"成长变化故事结构图"为范本，提炼出成长变化的情感、内涵： better communication better understanding better action 2. 设计产出任务和评价表，写出一个自己的成长变化的故事。（Ss） Li Wen's Change Past　How　Now Better Communication　Better Understanding　Better Action	学生以李文的"成长变化故事结构图"为范本，基于此提炼出成长变化的情感和认知内涵，联系实际，迁移语篇结构、语言、认知与情感，写出一个关于自己的成长变化的故事。	能迁移语篇结构和部分语言完成一篇较为完整的个人改变的故事的书面表达。
超越文本 评价批判 问题解决 （用&创）	1. 小组内分享成长变化故事，组长根据评价表选出最打动人心的故事进行展示。（Ss） 2. 各组选出代表在全班进行成长变化故事分享，大家一起见证大家三年来的成长变化过程。 3. 将分享后的故事页装订到故事集里面。	学生通过倾听别人的故事，再次梳理成长变化故事的结构，反思成长变化内涵，与输入达成一致，做到教—学—评一致：better communication better understanding better action 实现自我提升。	能通过倾听别人的故事，再次梳理成长变化故事的结构，反思自己成长变化的过程与情感认知内涵。 Better Communication Better Understanding Better Action

Stage 4 Summary and homework (2mins)

	Activities + Resources	Objectives	Evaluation
素养提升	1. 教师带领学生一起从结构上、情感上总结自己的成长变化过程。(T-Ss) 2. 完成成长变化故事页的收集。 3. 彩蛋——告知学生座位牌里有自己的联系方式，欢迎学生们分享他们将来的成长变化故事。	1. 从结构上、情感上总结如何写好我们的成长变化故事。 首尾呼应，突出主题：This is me! 2. 学生可以在将来把他们更精彩的成长变化故事分享给老师。	1. 学生能从结构上、情感上总结他们的成长变化过程。 2. 能深入理解板书中"ME"所包含的全部内容，深化主题表达与意义探究，即反思(Me)被动改变和(I)主动改变的力量。

Homework

1. Read more stories in the story collection and find more ways to solve the problem to make you change.（基础性）

2. Find more stories about change (from the internet, TED speeches ...) and share them in class next time.（拓展性）

七、板书设计

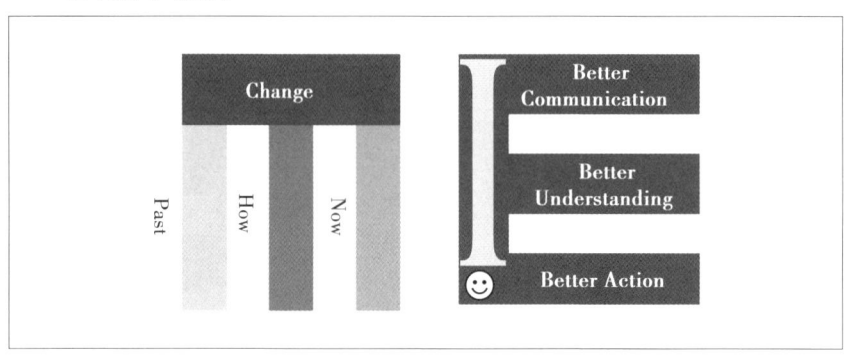

八、作业与拓展学习活动设计

1.了解更多关于"改变"的故事,可上网搜索相关视频与电子书,下节课分享。

2.阅读他人的故事手册,并且完善自己的手册内容。

九、教学反思与改进

本节课在实际教学过程中,绝大多数的教学环节都比较好地达到了预期目标,并且学生都可以顺利解决任务链中的问题。在解决任务的过程中,几乎所有学生都较为顺利地实现了"自我认知、自我管理、自我提升"。与此同时,学生可以联系他们自身的生活实际,迁移语篇结构、语言、思维方法,完成输出实践,并拓展文本内涵,帮助梳理自己的成长变化故事,用于指导他们明确在将来的成长过程中需要作出哪些改变。

本节课也有较为遗憾的地方,比如在引导学生产出第二个"M"的时候,有部分学生没有顺利表达出来第三个点"Better Action";教师在课堂上的引导可以更加深入,或者加入一些例子,这样学生的产出也许会更加流畅。

读写课教学范式

一、读写课范式学科理论基础

阅读是输入,写作是输出,输入与输出是语言习得中两个不可分割的重要环节。阅读与写作结合起来有助于提高学生的思维能力与写作能力。读写结合增强了语言知识输入与输出的协同效应。

1.《义务教育英语课程标准(2022年版)》

在书面表达中能选用不同句式结构和时态描述和介绍身边的人或者事件,表达情感、态度、观点和意图,能发现语篇中事件的发展和变化,辨识信息之间的相关性,把握语篇的整体意义;能辨识语篇中的衔接手段,判断句子之间、段落之间的逻辑关系;能发现同类型语篇的相似之处和不同类型语篇的结构特征;能多角度、辩证地看待事物和分析问题;能提取、整理、概括稍长语篇的关键信息、主要内容、思想和观点,判断各种信息的异同和关联;能根据语篇推断人物的心理、行为动机等,推断信息之间简单的逻辑关系;能从不同角度解读语篇,推断语篇的深层含义,作出正确的价值判断;能评价语篇的内容和作者的观点,说明理由。

2.深度学习

深度学习是在教师引领下,学生围绕具有挑战性的学习主题,全身心积极参与、体验成功、获得发展的有意义的学习过程。深度学习有五个特征:联想与结构——经验与知识的相互转化,活动与体验——学生的学习机制,本质与变式——对学习对象进行深度加工,迁移与应用——在教学活动中模拟社会实践,价值与评价——"人"的成长的隐性要素。

3. 支架理论

支架理论(Scaffolding)源于最近发展区理论。20世纪30年代,苏联著名心理学家维果茨基提出了"最近发展区"概念(1978)。最近发展区是指儿童实际的发展水平与潜在的发展水平之间的差距,前者指儿童独立解决问题的能力,后者指儿童在成人指导下,或者与能力较强的同伴合作解决问题的能力。在最近发展区概念的基础上,认知心理学家布鲁纳(Bruner)又先后提出了支架理论和"支架式教学"概念,他认为在课程难度高于学习者现有水平时,教师可以给学习者提供支持与引导支架,以便于把学习者潜在的发展能力激发出来。按照其概念,教师的"教"就是要给学生搭建必需的脚手架,不断鼓励和帮助学生积极建构知识,发展新的能力;在撤掉支架后,每个学生能独立解决问题。

4. 图式理论

图式理论最早由德国哲学家康德于1781年提出,经由英国心理学家巴特利特在1932年引进到现代心理学领域,再通过美国人工智能专家鲁梅尔哈特的大量研究,将其发展成为一种完整的理论。鲁梅尔哈特认为,图式是表征存储在记忆中的一般概念的资料结构,即人们通过各种渠道所积累的知识、经验等,并以抽象的架构形式有条不紊地存储在大脑的长期记忆中,在大脑中构成一个庞大的网络图。随着图式理论的传播,国内相关学者对图式也做了大量研究。张大均(1997)认为,图式是人脑对客观事物或事件的一般特征的概括,是人们对客观事物所具有的各种属性的综合性知识的储存方式。邵瑞珍(1997)认为,图式是一种有组织的知识块,既包括陈述性知识,也包括程序性知识,它储存于人的长时记忆中,能应用于广泛的情境;作为理解信息的框架,在认知过程中起积极的组织和构造作用。李春玲(2013)认为,图式是大脑为了便于信息储存和处理,而将新事物与已有的知识、经历有机地组织起来的一种知识表征形式,是相互关联的知识构成的完整的信息系统。当人遇到新事物时,只有把新事物和已有的图式相联系才能达到理解的目的。

二、范式操作实施

在实际的教学中,教师首先从文体角度分析阅读语篇,确定语篇的体裁,并通过分析体裁特征提取语篇主线,再从体裁特征出发剖析篇章结构,厘清语篇脉络,生成写作的形式图式;然后从内容角度分析语篇各部分的内容是如何围绕语篇主题组织起来的,通过思维导图、表格等来提炼出结构化知识,建构写作的内容图式;最后通过阐释核心词汇、分析句法特征、赏析修辞手法等方法从语言角度解读语篇,促成写作的语言图式。

1.写作前

厘清阅读语篇的组织结构,探索阅读语篇的主题意蕴,归纳阅读语篇的词句特征,建构写作的形式、语言和内容图式,生成写作支架。

语篇的组织有宏观、微观之分。宏观结构指整个语篇的框架以及段与段之间的关系,微观结构指段内句与句之间的关系。形式图式的生成,就是帮助学生厘清阅读语篇的组织结构,并将其运用于写作中。教师首先要引导学生归纳阅读语篇的整体架构,并在此基础上分析段与段、句与句之间的关系,然后让学生参考阅读语篇的行文结构,构思写作语篇的架构。在读写教学中,阅读是输入,写作是输出,阅读先于写作。

在写前阶段,为了实现足够的输入,就要基于学生现有的水平搭建支架,深度解读范例文本。教师可通过搭建情境支架创设情境导入话题,向学生展示教材中的写作范例,然后通过问题支架、图式支架、图表支架等方法,引导学生学习与理解范文,为后续的写作搭建内容、结构、语言等支架,做好写作铺垫。

2.写作中

(1)实践应用支架,小组合作交流

在教师的指导下,学生理解了范文的内容、结构和语言,获得了充分的语言输入,搭建了多方面的写作支架。针对学生的写作能力现状与发展需求,教师要设计与所读语篇相关联的写作任务。教师可将学生分组,让学生根据写作任务,展开合作探究,促使学生根据选择的写作任务共同探讨与沟通,完成思维导图,撰写写作提纲。

(2)及时撤离支架,自主探索初稿

搭建写作支架的目的就是帮助学生快速提升写作能力。若学生的认知水平达到一定高度,可逐渐撤去学习支架,适当强化学生的写作能力。

3.写作后

基于图式理论、深度学习理论、支架理论设定评价标准,以评价促成修改完善;多方互动交流,实现多元评价。

评价有激励作用和促学作用。英语课标强调教学评价应以学生核心素养的全面发展为出发点和落脚点,应充分发挥学生的主体作用,应采用多种评价方式和手段,体现多渠道、多视角、多层次、多方式的特点。写作前,教师和学生一起对范文的特点进行提炼,共同生成评价标准(如表1)。

表1 学生习作评价标准

评价维度		评价内容	评价意见
内容	切题性	从头到尾围绕一个明确的主题	
	完整性	涵盖所有写作要点,并举例说明	
	逻辑性	语义上下关联、贯通,想象合理	
	交际性	达成向目标读者传递信息、表达意义的写作目的	
结构	层次性	分段表达,有开头、主体和结尾	
	条理性	使用主题句、过渡句来体现文章的整体性	
	连贯性	使用衔接和连贯的手段	
语言	准确性	拼写、语法、标点符号准确无误	
	丰富性	使用高级词汇和多样化的句式	
	地道性	符合英美国家的语言表达习惯	
	生动性	能够充分地表情达意	

写作后,师生共同参与评价,完善写作任务,提升写作水平。

评价是促进学生写作能力提高的有效手段,评价的过程也是学生完善思路、相互修正、相互学习和提升的过程。学生自评可在同伴评价之后进行,因为学生在经过同伴评价之后能对自己的作品有更客观的评价,同时也能进一步内化语篇图式,提升识错、纠错的能力。

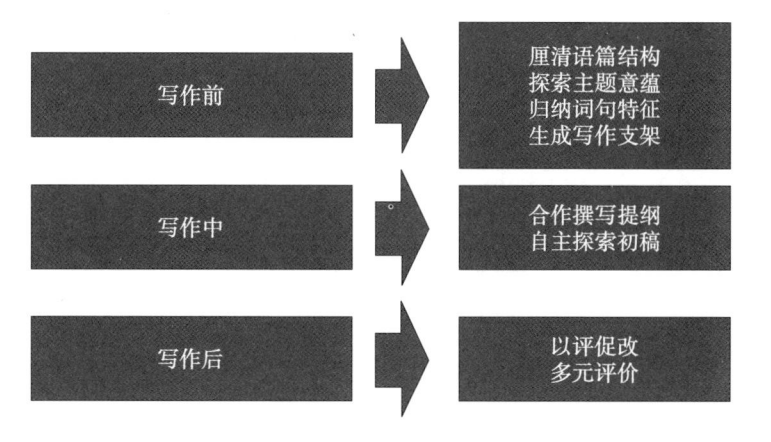

图1 指向深度学习的初中英语读写课教学范式

人教版八年级下册 Unit 9 Reading 写作课教学设计

一、教学内容分析

1. 基于课标

(1)主题与内容

这篇阅读文本主要是一个关于新加坡的旅游宣传推广文,从食物、景点和气候等方面介绍了新加坡的魅力之处,引导学生关注国家和社会。

(2)写作目的

介绍旅游胜地新加坡的魅力之处。

(3)语篇结构

篇章的结构为总分结构,第一段阐释了新加坡是一个适合旅行度假的好地方,然后给出了理由。后面三段分别从食物、景点、天气等方面介绍新加坡的独特魅力。

(4)语言特点

从段落衔接上看,这篇文章前三段每一段都以 Have you ever ... 开头,以这样的问句开头的目的是引发读者兴趣,并呈现出排比的美感,中间两段更是以两个 however 来突出新加坡的特点。本篇文章中段落的内部逻辑清晰主要体现在连接词的使用得当,包括如呈现两个方面理由的 on the one hand, on the other hand 等表达转折关系、因果关系、顺承关系的词汇、短语。

2. 基于教材

这篇阅读文本主要是一个新加坡的旅游宣传推广文,而本课最终输出是写一篇关于家乡的旅游推广文。所以在写作之前主要从文章结构、段落段内衔接、美句等方面先解构这篇充满魅力的旅游推广文。文章中很多用来介绍地方魅力的句子也值得学生模仿使用。

二、学习者情况分析

本课学习者为八年级学生,具备一定的英语基础和模仿能力,对家乡重庆有较深入的了解,有推广家乡的强烈愿望。

三、教学目标设定

语言能力:

(1)能够在文章中恰当使用连接词使文章的逻辑性更强。

(2)能够在文章中恰当使用现在完成时表达做过的事情、去过的地方。

(3)能够使用文章中的美句来描述、赞美、宣传自己的家乡。

思维品质:通过对自己家乡各个方面的魅力进行梳理和介绍,充分激发学生对自己家乡的热爱和自豪感。

文化意识:了解世界文化的多样性,建立跨文化意识。

四、教学重难点

教学重点：

（1）Find the structure, the collections, good sentences and beginnings of the passage.

（2）Use what they learned from the passage to write a passage to advertise their hometown.

教学难点：To introduce interesting places in Chongqing.

五、评价设计

让学生能够模仿课文的结构、语言并进一步予以优化，完成一篇推广家乡重庆的英语文章。

六、教学活动

步骤（时间）	教学活动及层次	活动设计意图	评价活动设计
Step 1 Warming up	Free talk. T: The summer vacation is coming. Do you want to go traveling or go to a summer camp? （激活已知）	Motivate students' interest in the class and draw their attention.	观察学生回答问题的表现，根据其说出的具体内容了解其对主题的把握程度。
Step 2 Lead-in	1. T: Our school will organize a summer camp to Singapore. Do you want to go? Do you know anything about Singapore? 2. T: What do you want to know about Singapore? （明确主题）	Activate students' previous knowledge about Singapore.	

续表

步骤(时间)	教学活动及层次	活动设计意图	评价活动设计
Step 3 Reading for the structure	1. T: Let's read the passage about Singapore and then tell me the structure of the passage. 2. T: Find out what each paragraph tells us about Singapore. 3. Present a mind map of the passage and ask Students to finish it. （语篇分析、搭建支架）	Get students ready for the writing from the aspect of structure.	观察学生梳理的内容结构图是否清晰，逻辑是否关联，要点是否清楚。
Step 4 Reading for the collection and language	1.T: Read the passage again. Which one attract you more? The passage or what your partner say? Why? 2.Ask students to find the correct collections from the passage and fill in the blanks. 3.Ask students to find better sentences to replace the colored sentences. 4. List the good sentences they find. 5. T: How did the writer start each paragraph? 6. T: What do you think of the end of the passage? Can you add an ending to it? （语言赏析、搭建支架）	Get students ready for the writing from the aspects of collection and language.	观察学生是否能在原文中找到有用的词句，是否能较好地模仿原文中的好词好句。

续表

步骤(时间)	教学活动及层次	活动设计意图	评价活动设计
Step 5 Pre-writing	1.Present a video about traveling in Chongqing. And ask students what they want to say after watching the video. 2.Present pictures of Nanbin Road, Nanshan Mountain, and the delicious food in Chongqing along with the good sentences from the passage. And then ask students to advertise the places orally. (设置任务、学以致用)	Get students ready for the writing from the aspects of language and contents.	观察学生对家乡口头介绍的内容丰富性和准确性。
Step 6 While-writing	1. Present the requirements of writing. Then present a mind map of the passage. 2. Present the good sentences from the passage on the blackboard. Then present some new words about places and food on the PPT. (评价量表、指导写作)	Finish the writing tasks with the help of mind map.	观察学生完成写作提纲的情况,以及具体写作的情况。
Step 7 Post-writing	1.Ask students to correct the mistakes in spelling, grammar, punctuation and letter case in pairs. 2.Ask students to highlight the things that they like about the writing. 3.Ask students to share their specific ideas about the passage's content, structure, use of good sentences, use of details, collection, and clarity. 4.Present the criteria of giving marks. (评价量表、优化写作)	Work in pairs to better the writing and learn about the criteria of a good writing.	学生完成互评,评价学生作品中综合运用所学结构、语言、开头等内容的情况,给予必要指导和反馈。

七、板书设计

> **Good sentences**
>
> (1) For thousands of tourists from China, ... is a wonderful place to take a holiday.
>
> (2) It's also a good place to ...
>
> (3) You won't have any problem getting ...
>
> (4) Whether you like ... or ..., you will find ...
>
> (5) ... is the best time to ...
>
> (6) One great thing about Singapore is that ...
>
> (7) Maybe you fear that you can't find ... when you travel. In ..., however, you can find ...
>
> (8) It might seem strange to ... . However, if you ..., you will ...
>
> (9) Have you ever been to Singapore?
>
> (10) Have you ever tried Chinese food outside of China?
>
> (11) Most large cities have zoos, but have you ever been to a zoo at night?

八、作业与拓展学习活动设计

(1) Finish your own writing.

(2) Work in pairs and better your writing.

人教版八年级下册 Unit 7 Reading 写作课教学设计

一、教学内容分析

1.基于课标

(1)主题与内容

本阅读呈现了大熊猫研究基地相关的内容,通过听、说、读、写等活动,引导学生学习更多表达比较的句式结构,了解大熊猫等濒危动物,培养其保护动物的意识。

(2)写作目的

了解国宝大熊猫与动物保护。

(3)语篇结构

从结构来看,语篇分为三部分:第一部分介绍大熊猫基地中大熊猫的日常生活,第二部分阐述为什么大熊猫变得越来越少,第三部分说明如何保护大熊猫。

(4)语言特点

①本文使用了大量的数据,分别说明大熊猫的现状、大熊猫基地的数量、大熊猫的习性等。

②本文语言形象生动地描述了大熊猫的生活习性、特征等。

2. 基于教材

本篇阅读材料是关于大熊猫的一篇报道，具有说明文的一些特征。本阅读呈现了熊猫研究基地相关的内容，通过听、说、读、写等活动，引导学生学习更多表达比较的句式结构，了解大熊猫等濒危动物，培养保护动物的意识。语篇从结构来看，分为三部分，第一部分介绍大熊猫基地中大熊猫的日常生活，第二部分阐述为什么大熊猫变得越来越少，第三部分说明如何保护大熊猫。从语言特点看，本文使用了大量的数据，分别说明大熊猫的现状、大熊猫基地的数量、大熊猫的习性等。本文语言形象生动地描述了大熊猫的生活习性、特征等。大熊猫保护的话题是学生较为熟悉的，学生可以结合自己对大熊猫的了解，提出更多方法帮助拯救大熊猫。

二、学习者情况分析

本课学习者为八年级学生，具备一定的英语基础和模仿能力，对大熊猫以及大熊猫保护有一定了解，也可以思考更多保护濒危动物的方法。

三、教学目标设定

1. 语言能力

(1)能够在文章中恰当使用数词，描写濒危动物现状。

(2)能够充分运用比较句型描写动物。

(3)能够写一篇有关鲸的说明文，并写出为什么需要保护鲸，怎么保护鲸。

2.思维品质

通过整理动物的信息,并运用阅读语篇中的美句,整理并写一篇关于鲸鱼的说明文,呼吁大家关注濒危动物。

3.文化意识

了解国宝大熊猫以及濒危动物保护。

四、教学重难点

教学重点:

(1)Find the structure, the collections, good sentences and beginnings of the passage.

(2)Use what they learned from the passage to write a passage to appeal animal protection.

教学难点:To practice writing, showing the ways that people can help save the whales.

五、评价设计

让学生能够模仿并优化课文的结构、语言,完成一篇关于保护鲸鱼的文章。

六、教学活动

步骤(时间)	教学活动及层次	活动设计意图	评价活动设计
Step 1 Warming up	A guessing game. T: Let's guess what they are. (激活已知)	Motivate students' interest in the class and draw their attention.	热身活动。
Step 2 Lead-in	1.T: Let's watch a short video, after watching, please talk about the meaning of the numbers. Is the situation good? 2.T: Fill in the blanks with numbers. The sentences are the facts of whales. 3.T: Why are the whales endangered? (明确主题)	Lead Ss to pay attention to the whales.	观察学生回答问题的表现，根据其填写的具体内容了解其对鲸鱼现状的了解程度。
Step 3 A sample of writing	1.Get Ss to answer the questions in 3a. 2.Show Ss a sample of writing. 3.Let Ss give comments on the writing.	Prepare Ss for the writing. Lead Ss to think what a good writing is.	通过问题的答案初步确定文章，给出一个简单范文。
Step 4 Read for structure	1.T: Let's read the passage about pandas and then tell me the structure of the passage. 2.T: Find out what each paragraph tells us about pandas. 3.Present a mind map of the passage and ask them to finish it. (语篇分析、总结支架)	Get students ready for the writing from the aspect of structure.	观察学生梳理的内容结构图是否清晰，逻辑是否关联，要点是否清楚。

续表

步骤(时间)	教学活动及层次	活动设计意图	评价活动设计
Step 5 Read for the ways of expository writing	1. T: Read the passage again dramatically. Find out how to use numbers and make sentences with numbers. 2. Ask students to find the simile from the passage and make similar sentences. 3. Ask students to find some comparisons and imitate the sentences. 4. List the quotations they find. 5. T: What ways did the writer use? 6. T: Can you use these ways in your writing? (语言赏析、总结支架)	Get students ready for the writing from the aspects of different ways of expository writing.	观察学生是否能了解原文中的写作手法,是否能较好模仿原文中的好词好句。
Step 6 Polish writing	Lead Ss to better the wring with five tips. 1. Divide the passage. 2. Use numbers. 3. Use simile. 4. Compare. 5. Quote. (设置任务、学以致用)	Get students ready for the writing from the aspects of writing ways.	观察学生能否用这些写作方法来进行说明介绍。
Step 7 While-writing	1. Present the requirement of writing. Then present a mind map of the passage. 2. Get Ss to write with the 5 tips. (评价量表、指导写作)	Finish the writing tasks with the help of mind map.	观察学生完成写作提纲的情况以及具体写作的情况。

续表

步骤(时间)	教学活动及层次	活动设计意图	评价活动设计
Step 8 Post-writing	1.Ask students to correct the mistakes in spelling, grammar, punctuation and letter case in pairs. 2.Ask students to highlight the things that you like about the writing. 3.Ask students to share your specific ideas about the author's content, structure, use of good sentences, use of details, collection, and clarity. 4.Present the criteria of giving marks. （评价量表、优化写作）	Work in pairs to better the writing and learn about the criteria of a good writing.	从学生完成的互评和评价学生作品中综合运用所学结构、语言、开头等内容，给予必要指导和反馈。

七、板书设计

Five tips

(1)Divide the passage.

(2)Use numbers.

There are only 5000 whales in the world. They are endangered.

(3)Use simile.

I take care of them like they are my own babies.

(4)Compare.

As the forests get smaller and other human activities cause more problems, pandas cannot find enough food to eat and they are having fewer babies.

(5)Quote.

Lin Wei says: "They are really cute and lovely."

八、作业与拓展学习活动设计

(1) Finish your own writing.

(2) Work in pairs and better your writing.

复习课教学范式

一、复习课范式学科理论基础

九年级的新授课阶段结束,进入复习课的教学阶段,我们的复习课设定应基于英语课标的英语学科核心素养的三级目标要求,其中包括:

语言能力:(听力方面)能识别不同语调与节奏等语音特征所表达的意义;能听懂发音清晰、语速较慢的简短口头表达,获取关键信息;积累日常生活中常用的习惯用语和交流信息的基本表达方式;(词汇语法方面)积累常用的词语搭配;了解句子的结构特征,如句子种类、成分、语序及主谓一致;能归纳学过的语法规则;能辨识和分析常见句式的结构特征;(阅读方面)能读懂语言简单、主题相关的简短语篇,提取并归纳关键信息,理解隐含意义;能围绕语篇内容记录重点信息,整体理解和简要概括主要内容;能根据读到的关键词对人物、地点、事件等进行推断;(书面表达方面)能分析和梳理常见书面语篇的基本结构特征;能用简单的连接词建立语义联系;能选用不同句式结构和时态,描述和介绍身边的人、事物或事件,表达情感、态度、观点和意图等。

文化意识:能初步理解人类命运共同体和全人类共同体价值的概念;能通过语篇获取、归纳中外文化信息,认识不同文化,尊重文化的多样性和差异性;能用所学语言描述文化现象与文化差异,表达自己的价值取向,认同中华文化;树立国际视野;了解不同国家人们待人接物的基本礼仪、礼貌和交际方式;能理解和感悟中外优秀文化的内涵;领会所学简短语篇蕴含的人文精神、科学精神和劳动价值,感悟诚实、友善等中外社会生活中的传统美德;能自尊自爱,正确认识自我,关爱他人,尊重他人,有社会责任感;能欣赏、鉴别美好事物,形成健康的审美情趣;具有国家认同感和文化自信,有正确的价值观和积极向上的情感态度。

思维品质:能发现语篇中事件的发展和变化,辨识信息之间的相关性,把握语篇的整体意义;能辨识语篇中的衔接手段,判断句子之间、段落之间的逻辑关系;能发现同类型语篇的相似之处和不同类型语篇的结构特征;能多角度、辩证地看待事物和分析问题;能提取、整理、概括稍长语篇的关键信息、主要内容、思想和观点,判断各种信息的异同和关联;能根据语篇推断人物的心理、行为动机等,推断信息之间简单的逻辑关系;能从不同角度解读语篇,推断语篇的价值判断。能针对语篇的内容或观点进行合理质疑;能依据不同信息进行独立思考,评价语篇的内容和作者的观点,说明理由;能根据语篇的内容或所给条件进行改编或创编。

学习能力:能制订明确的英语学习目标和计划,合理安排学习任务,主动预习和复习;能整理、归纳所学内容,把握重点和难点;能主动反思自己英语学习中的进步与不足,根据问题查找原因并加以解决;能找到适合自己的英语学习方法;能根据学习目标和进展合理整理学习计划和策略;能在学习活动中积极与他人合作,共同完成学习任务;能在学习过程中积极思考,主动探究,发现并尝试使用多种策略解决语言学习中的问题,积极进行拓展性运用。

二、范式操作实施

我们的中考复习课教学契合英语课标和重庆市针对英语复习提升的精神,老师们研学英语课标,做到胸中有"标";勤做中考题,做到腹中有"题"。为提升复习课的针对性和落实英语课标要求,我们在开学之初做了一系列教学准备:研读新课标,撰写读后感;做了近三年的重庆市中考题、双向细目表及试题分析;单独命制中考模拟试题。

我们尽力将复习课打造成"个性化—合作"式"深度复习"复习课堂。复习方式:融合个性化学习、合作学习和竞争学习的多元复习方式,让学生自觉地、主动地和协同地参与复习活动。对于周考,利用智慧学习平台,打造学生个性化学习手册。复习过程:遵循"觉知、调和、归纳和迁移"的认知过程,学生深度参与复习活动的同时,语言的深度理解、问题解决、批判创新等思维能力都能得到不同层次的提升和发展。

为此,我们将中考复习课分为四种复习课型:教材梳理复习课、语法专题复习课、语篇题型复习课和书面表达复习课。通过全组老师们对各个课型的不断打磨,我们整理出以下范式:

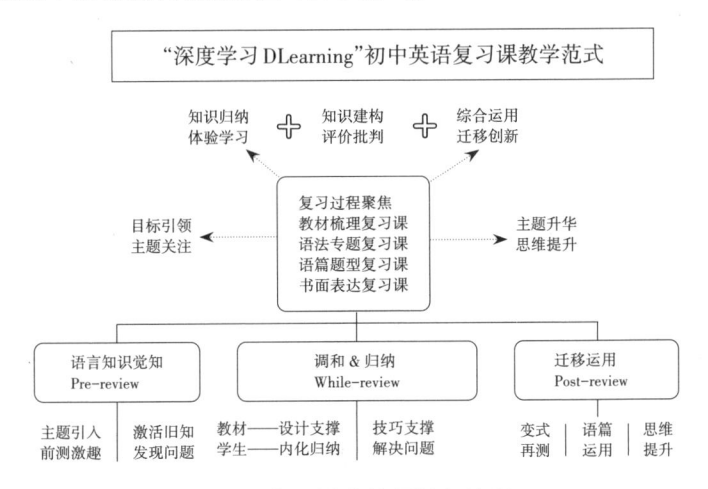

图1 复习课总的设计与流程

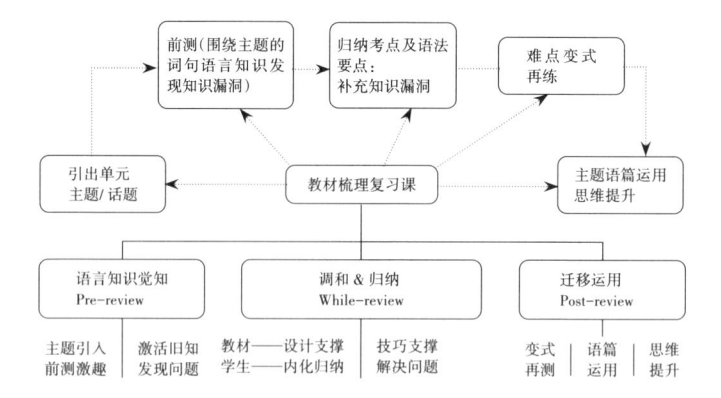

图2　教材梳理复习课设计与流程

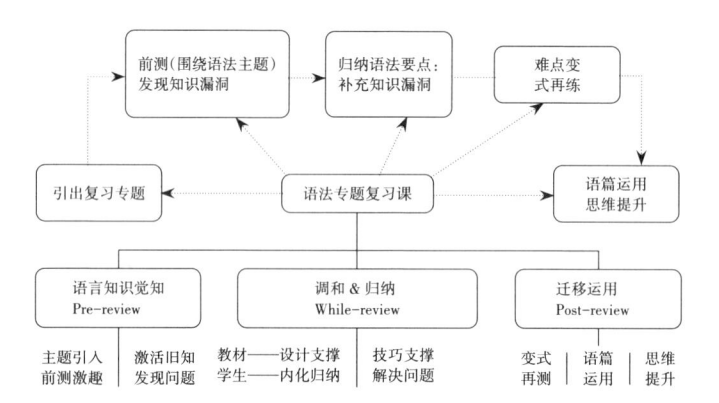

图3　语法专题复习课的设计与流程

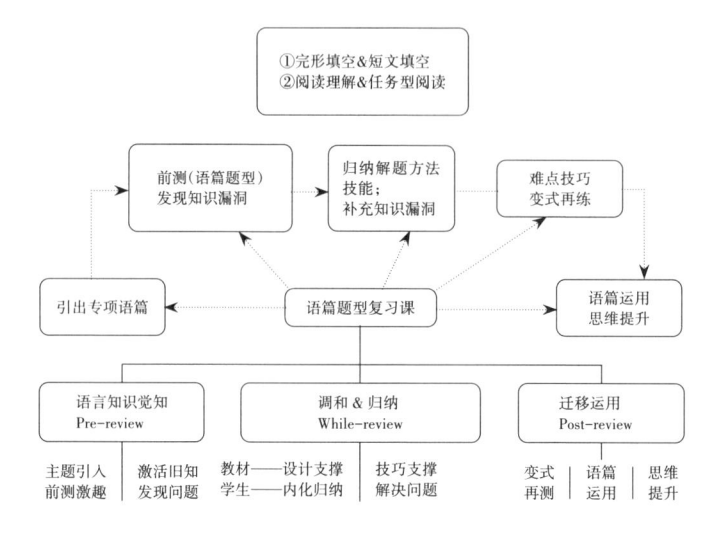

图4　语篇题型复习课的设计与流程

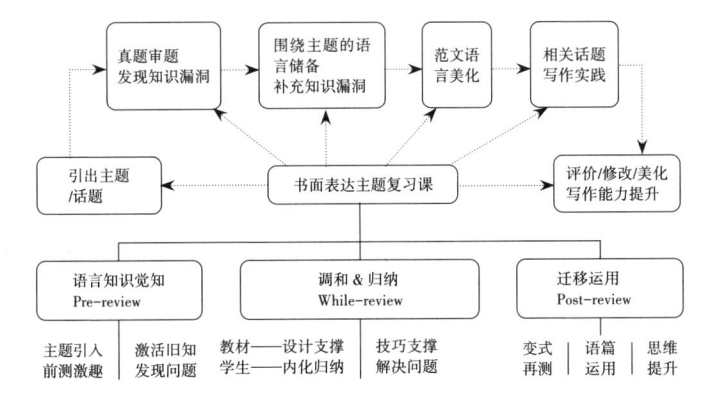

图5 书面表达复习课的设计与流程

语篇题型复习课——短文填空

一、教学内容分析

1.基于课标

英语课标指出：新一轮英语课程改革强调课程要从学生的学习兴趣、生活经验以及认知水平出发，倡导体验、实践参与合作与交流的学习方式和任务型的教学途径，发展学生综合语言运用能力，语言学习的过程成为学生形成积极的情感体验，主动思考，大胆实践，提高跨文化意识和形成自主学习能力的过程。

2.基于考试内容

（1）一篇文章8个空，一空一词，需要填入意思、语法都正确的单词。

（2）题材很广泛：教育故事、情感故事、学校生活、发表观点、咨询建议、百科知识。

（3）考察方式多样：

词汇、语法和习惯用法等方面的基础知识。

理解、推理、分析等综合阅读能力。

二、学习者情况分析

本次授课的学生来自八年级，人数41人。通过两年多的学习和积累，学生有了一定的词汇量，接触到了常见的话题和功能项目。学生整体学习态度比较积极主动，部分同学英语学习能力比较强，课堂上会跟老师互动，发言较积极。但是还有部分同学英语学习能力理解能力较弱，基础较差，学习吃力，不敢开口，需要大力关注和引导。

三、教学目标设定

By the end of the class, Ss will be able to

（1）Develop our confidence in text completion.（提升做短文填空信心）

（2）Learn how is text completion tested in the exams.（了解短文填空考试套路）

（3）Master some skills and strategies to finish text completion.（掌握短文填空的答题技巧）

四、教学重难点

（1）Students master some skills and strategies to finish text completion.

（2）Students learn how is text completion tested in the exams.

五、评价设计

（1）Students analyze how text completion is tested in the exams.

（2）Students finish the text completions by using the five steps.

(3)Students summarize the ways of doing text completion by filling the blanks.

六、教学活动

步骤(时间)	教学活动及层次	活动设计意图	评价活动设计
Lead-in (5 minutes)	1.Show students a picture and ask them what it is. Some information is missing, but we still know it is an elephant because we see it as a whole. 2.What do you want to say to teachers? 3.Analyze text completion. 4.How can we do the text completion? Here are five steps.	1. Lead into the topic: text completion. 2. Know students' thoughts towards text completion. 3.Let students know the text completion. 4.Let students know the way of text completion.	1.Guess the picture. 2.Say something to teachers when you do the text completion. 3.Analyze the text completion.
Presentation (30 minutes)	1.Read the whole passage and know the main idea. 2. Show students five text completions of senior high school entrance examination and ask them to find out what they have in common. They will find that the topic sentence is usually in the first paragraph. 3.Read quickly and try to fill in the blanks by using the skill of phrase and sentence patterns. Ask students to try to fill in the blanks.	1.Show students the reading strategy first. 2.Ask students to find out the topic sentence to know the main idea of the passage. 3.Ask students to try to fill in the blanks. 4.Let students know about the part of speech in the exam. 5.Students fill in the blanks by using different skills.	1.Find out the topic sentences to get the main idea of the passage. 2. Try to fill in the blanks by using the skill of phrase and sentence patterns. 3.Students make sure the part of speech of each blank.

续表

步骤(时间)	教学活动及层次	活动设计意图	评价活动设计
Presentation (30 minutes)	4.Show students a chart which is about the analysis of part of speech. Then students try to finish two passages and make sure the part of speech of each blank. 5.Show students five skills: Skill 1 固定搭配（phrase& sentence structure） Skill 2 上下文推断（context） Skill 3 词汇再现（repeated word） Skill 4 同/反义词（synonym/antonymy） Skill 5 相似结构（similar structure） 6.复读检查,意形结合 名词——单复数/所有格 动词——时态(do/does/did)/语态(done)/做主语(doing) 形容词/副词——比较级/最高级/反义词 代词——主格/宾格/人称/物主/反身	6.Students check their answers.	4.Students fill in the text completion by using the five skills. 5.Students check their answers.
Summary (4 minutes)	学生自主合作,归纳总结课堂所学。 总之,短文填空并不可怕。只要我们在复习的过程中夯实基础语法;熟记固定搭配;培养语境意识;学会语法分析。短文填空,满分不是梦!	Ask students to fill in the blanks to summarize what they have learned today.	Students summarize the ways of doing text completion by filling the blanks.

续表

步骤(时间)	教学活动及层次	活动设计意图	评价活动设计
Homework (1 minutes)	1. 短文填空小能手：完成2023年重庆B卷短文填空。 2. 小小出题人：找一篇2023年的全国中考篇目，根据短文填词的命题特征，写一篇短文填空篇目。	Ask students to finish exercises and create a text completion by themselves.	Finish exercises and create a text completion.

七、板书设计

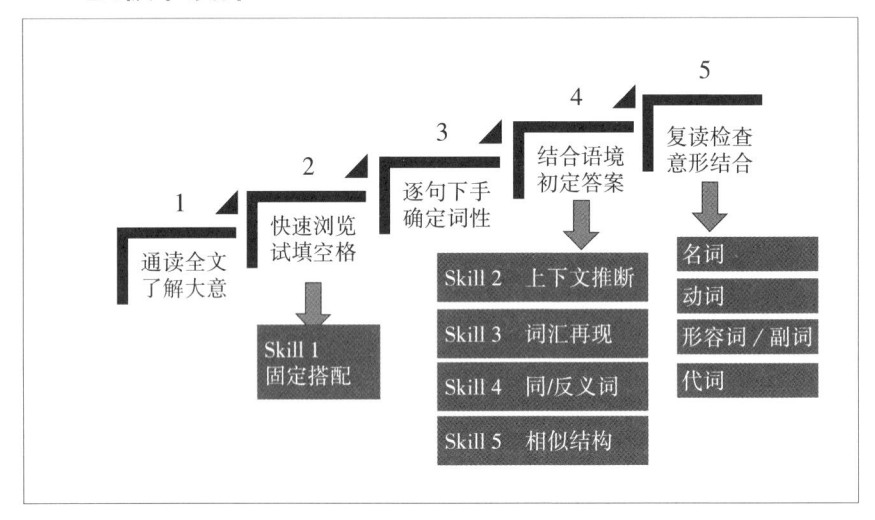

1. 通读全文 了解大意
2. 快速浏览 试填空格 → Skill 1 固定搭配
3. 逐句下手 确定词性
   - Skill 2 上下文推断
   - Skill 3 词汇再现
   - Skill 4 同/反义词
   - Skill 5 相似结构
4. 结合语境 初定答案
5. 复读检查 意形结合
   - 名词
   - 动词
   - 形容词/副词
   - 代词

八、作业与拓展学习活动设计

（1）短文填空小能手：完成2023年重庆B卷短文填空。（基础性）

（2）小小出题人：找一篇2023年的全国中考篇目，根据短文填空的命题特征，写一篇短文填空篇目。（拓展性）

九、教学反思与改进

（1）个别学生由于基础较差，在短文填空的时候理解不到文本意思，对他们来说这节课较难，可以提前发预习单给他们，先预习理解本文意思。

（2）抽问学生的方式可以多样化，根据不同题的难度来抽问不同水平的学生。

语法专题复习课——宾语从句

一、教学内容分析

本次复习课主要是基于主题语境下的宾语及宾语从句复习探究,课前通过Pretest了解学生对宾语从句的掌握情况,分析学生的易错点和难点,并让学生通过小组合作的方式自主探究宾语从句的用法,以小组为单位命制宾语从句相关考题。在整堂课引导学生合作解决宾语从句的相关用法,并讨论前测题总结出的宾语从句考点的难点,再通过相关练习进行巩固,最后以美化作文的形式进行迁移。

二、教学目标设定

At the end of the class, the students are able to:

1. Summarize the usage of objective clause by working with group members.

2. Know how the objective clause is tested in the exam.

3. Understand the polite expressions in our daily life by beautifying a passage.

三、教学重难点

教学重点：

(1)Identify the object in different sentence patterns.

(2)Understand the test points of objective clauses.

教学难点：Know how to apply the objective clauses in the exam and to ask for help politely.

四、评价设计

1.Awareness(觉知)：

(1)Find out all the objects in each sentence.

(2)Discuss with group members about what expressions can be used as objects.

(3)Work with group members to find out all the objective clauses and what the test points are.

2.Coordination and induction(调和与归纳)：

(1)Check answers about the pretest and discuss to work out difficult questions.

(2)Summarize the test points in objective clauses.

(3)Finish exercises in the exam.

3.Generalization(迁移)：

Show a writing and an example, ask students to beautify it by using objective clauses.

五、教学活动

环节任务	教师活动	学生活动	设计意图及评价要点
Step 1: Awareness	1.Show a game and explain the rules. 2.Show some messages sent by Jack, ask students to teach him some grammar by finding out the objects in each sentence and figuring out the sentence pattern. 3.Work with group members to summarize what expressions can be used as objects. 4.Show the passage in Book 9 Unit 3, ask students to work together to find out all the objective clauses in each paragraph. 5.Ask students to summarize the test points of objective clauses.	1.Find out the objects in each sentence and figure out the sentence patterns. 2.Work with group members to summarize what expressions can be used as objects. 3.Figure out the structure of the objective clause. 4.Work with group members to find out all the objective clauses in each paragraph and summarize the test points of objective clauses.	1. To attract students' attention. 2. To set a real context and remind students of the objects. 3. To enhance students' teamwork spirit.
Step 2: Coordination & Induction	1.Show all the question types in the exam and ask students which question types is the objective clause tested in. 2.Ask students to check the answers to the pretest and finish 3 tasks by discussing with group members.	1.Speak out in which question types we can see objective clauses. 2.Check the answers and finish the discussion. 3.Summarize the usage of each test point in objective clause. 4.Finish some exercises in the exam	To find out what students have already mastered about the objective clause.

续表

Step 2: Coordination & Induction	3.Ask students to summarize the usage of the 3 points in the objective clause. 4.Ask students to finish more exercises in the exam.		
Step 3: Generalization	1.Show a writing and ask students to read the requirement, then find out the purpose of the email. 2.Show an example and ask students what they think of the email. 3.Ask students to work with group members to beautify the email by using the objective clauses to make it better and more polite.	1.Read through the requirement of the writing task. 2.Read an email and find out the problems of the email. 3.Work with groups to beautify the email by using objective clauses.	To let students understand impolite expressions and how to rewrite the email to make it more polite.
Step 4: Summary	1. Ask: What have you learned from this period of class? 2. See which groups reach the top and are the strongest king.	Summarize the usage of objective clauses briefly	To summarize what they have learned in this period of class. To let them be more active in class and more polite in daily life.

六、板书设计

```
              The review of the objective clauses

                        ┌ that——无词义：连接陈述句
                 连接词：┤ if/whether——是否：连接一般疑问句
The objective clause ┤   └ 特殊疑问词——本身含义：连接特殊疑问句
                 │
                 语序：陈述语序
                 │
                 时态：客观真理——一般现在时；……
```

七、作业与拓展学习活动设计

I. 课前练习：

单选：

1. Always tell your parents _____ you are going and _____ you expect to be home.

  A. what; where   B. when; where

  C. where; what   D. where; when

2.(2022·重庆A卷) –Can you tell me ____?

–Yes. In the language center.

  A. where will the speech competition be held

  B. where the speech competition will be held

  C. when will the speech competition be held

  D. when the speech competition will be held

3.（中考真题）-What did Tom say to you just now, John?

-He asked _____.

A. why I am so happy today

B. what will I do for the weekend

C. who did I play football with after school

D. if I could go to the movies with him tonight

4. -Let's go fishing this Saturday if it _____ rain.

-Sounds like a great idea. But nobody knows if it _____.

A. doesn't; will rain　　B. isn't; rains

C. won't; will rain　　D. won't be; rains

完成句子：

1. I don't know how I can get to the hospital.（改为同义句）

I don't know _____ to the hospital.

2. "Do they want fried chicken?" he asked the boys.（改为同义句）

He asked the boys _____ they _____ fried chicken.

3. 老师昨天告诉我们太阳从东边升起。（完成译句）

Our teacher told us _____ the sun _____ from the east.

完形填空：

1.（2020·重庆 A 卷）"A cute doglephant! Cool! You just turned the accident into a happy one!" I said. And right then, I knew _____ to do. Maybe I could make a mosaic（镶嵌画）by using the pieces of my broken heart.

A. when　　B. how　　C. which　　D. what

2.（2020·重庆 B 卷）Some time later, he got very _____. He wondered what Bob was doing.

A. hungry　　B. afraid　　C. happy　　D. bored

短文填空：

1.（2018·重庆）When I was a teenager, I never learned _____ to save money. I just spent it! My parents gave me everything I wanted...

2.（万维原创）People can't be judged by their appearance as a book can't be judged by its cover. However, many people still feel less confident about their shapes.

So what can we do to solve the problem? First, don't care too much about it. Second, don't compare _____ you look like with others. Comparing may lead to the feeling of sadness. Next, give praise to others. Do you know _____ we praise others? It's clear that praising others can make them feel as good as you do.

Ⅱ. 课中练习：

单选：

1. –What did our English teacher say just now?

–She asked us _____.

A. if we have any questions to ask her

B. who would take part in the speech cometition

C. when will we start to study hard

D. that we had finished the schoolwork or not

2. I don't know if Lily _____ Chongqing. If she _____ Chongqing, I _____ you know.

A. visits; will visit; let

B. will visit; will visit; let

C. visits; visits; will let

D. will visit; visits; will let

完成句子：

1. Jeff asked his students, "Do you know it is important to protect the earth?"（改为间接引语）

Jeff asked his students _____ they _____ it is improtant to protect the earth.

短文填空：

... Getting to know others may help you understand _____ they do things differently. Difference does not exactly mean that it is bad. However, it helps us to think about things from other perspectives（角度）and keeps an open mind and an even temper（温和的脾气）。

Ⅲ. 课后练习：

1.青铜—黄金段位：

Finish the exercises designed by the winner groups of the diamond to the master level。

2.钻石—王者段位：

Perfect the design of the test based on the test points about the objective clause.

Write a letter to Jack to tell him some ways to learn English.

（不少于80词，至少运用4句宾语从句）

参考文献

[1]陈晶磊."336"互动教学模式下的初中新授课教学的实践与思考[J].福建中学数学,2021(3):47-49.

[2]李琳,陆静.指向深度学习的课堂教学改进思考[J].中学地理教学参考,2021(11):41-44.

[3]王志雄.核心素养理念下高中数学课堂"新知"建构的教学实践研究[J].高考,2021(28):110-111.

[4]中华人民共和国教育部.义务教育数学课程标准(2022年版)[M].北京:北京师范大学出版社,2022.

[5]胡航.深度学习:理论、实践与研究方法[M].重庆:西南大学出版社,2022.

[6]教育部考试中心.中国高考评价体系[M].北京:人民教育出版社,2019.

[7]中华人民共和国教育部.义务教育英语课程标准(2022年版)[M].北京:北京师范大学出版社,2022.

[8]张金秀.主题意义探究引领下的中学英语单元教学策略[J].中小学外语教学(中学篇),2019(7):1-6.

[9]李宝荣,闻超,庞淼,等.基于主题意义进行单元整体教学的实践思路和策略[J].英语学习,2019(2):32-45.

[10]刘月霞,郭华.深度学习:走向核心素养[M].北京:教育科学出版社,2021.

[11]郭华.深度学习的五个特征[J].人民教育,2019(6):76-80.

[12]孙芷萱.基于支架理论的高中英语读写教学实践探索[J].基础教育外语教学研究,2017(7):16-20.

[13]罗之慧,陈丹.初中英语读写结合有效性的思考与实践[J].中小学外语教学(中学篇),2017(4):5-9.

[14]陈桂杰.支架理论下初中英语读写结合教学实践[J].中小学外语教学(中学篇),2022(6):42-47.

[15]朱永举.基于图式理论的初中英语以读促写教学策略[J].中小学外语教学(中学篇),2021(8):29-34.

[16]方露辉.基于写作力框架的初中英语单元读写教学策略与实践[J].中小学外语教学(中学篇),2022(8):38-43.

[17]张冠文.在初中英语教学中开展过程体裁写作教学的实践[J].中小学外语教学(中学篇),2021(1):50-54.

[18]张大均.教育心理学[M].重庆:西南师范大学出版社,1997.

[19]邵瑞珍.教育心理学(修订本)[M].上海:上海教育出版社,1997.

[20]杨丹,方亚芬,刘汉明,等.基于语义图式的深度学习实验研究[J].教育科学研究,2019(12):59-66.

[21]蔡忠平.图式理论与阅读个性化研究[J].河北师范大学学报(教育科学版),2003,5(3):59-62.

[22]李春玲.图式理论在高考英语听力测试中的应用[J].中小学英

语教学与研究,2013(11):69-72.

[23]Bruner,J. S.*The Role of Dialogue in Language Acquisition*[M]// A. Sinclair,R. J. Jarvella & W. J. M. Levelt(Eds.) , *The Child's Concept of Language*. New York:Springer,1978.

后记

课堂改革的目标是提升学生的学习兴趣、培养学生的创新和解决问题的能力，以及促进学生的全面发展。"主题—联结"的深度学习在实现这些目标上具有重要意义。通过"主题—联结"的深度学习，教师可以创设具有挑战性和实践性的学习环境，培养学生的创新思维和解决问题的能力。学生通过探究、合作和实践，学习学科知识，提升综合素养，培养适应未来社会需求的能力。

然而，课堂改革不是一蹴而就的，它需要持续的努力和不断的探索。教育部门、学校、教师和家长都应积极参与到课堂改革中，共同努力为学生提供更好的学习环境和教育资源。同时，我们也要意识到，课堂改革需要与时俱进，紧跟高考评价方式改革和社会的发展，需要更好地激发学生的学习兴趣和动力，为学生创造更好的学习体验和发展机会。让我们共同努力，推动课堂改革向着更美好的未来迈进。